すごい

思考
ツール

壁を突破するための
〈100の方程式〉

小西利行

文藝春秋

まえがき

あなたは今、どんな仕事の悩みを抱えているだろうか?

・日々の仕事が「滞り」だらけで、パフォーマンスが上がらない。
・自社の商品やサービスの課題を突破できるアイデアが思いつかない。
・今のマーケットに刺さる、新鮮な企画がなかなか立てられない。
・社内会議やクライアントとの打ち合わせでうまく自分のアイデアを
　通せない。
・いい商品なはずなのにPRの仕方にいつも苦戦している……etc.

　そんなよくある"仕事の壁"を一気に突破する助けとなるのが、本
書でお伝えする **100の思考ツール(Thinking Tool)** だ。

　僕はこれまで、1000を超えるCM・広告作品を手掛け、1万を超え
るプレゼンテーションを行い、各界の名経営者とアイデアをやりとり
し、多種多様なクライアントと共に商品開発や企業ブランディング、
都市開発までも行ってきた。そんな35年間の仕事で鍛え上げた「生
きているノウハウ」を、業種・業界問わず、誰もがすぐに使える方程
式にしたのが、『すごい思考ツール』というわけだ。
　**なぜ「すごい」のかというと、多くの経営者から「これはすごい」
と評価されてきたからであり、また、実際に"最弱の広告マン"で、ひ**

どく出来の悪かった僕が急成長できたメソッドだからだ。最初から優秀な人が解説するハウツーとは違い、生々しさと切実さがあるので、皆さんに「すごく」自分ごと化してもらえると自負している。

　何を隠そう、広告代理店の新入社員としての僕のキャリアは**「補欠」からスタート**した。希望もしていなかったのに突如クリエイティブ部門に配属され、当然「センスない」と言われ、毎日のように叱られ、プレゼンも失敗続き。とにかく鳴かず飛ばずで、2年後には身も心もすっかりボロボロになり会社を辞める寸前だった。そんな地べたを這うような若造がいかに浮上していったかは本文に譲るが、一つ大きかったきっかけは**「失敗から学んだこと」**をもとに自分なりの「思考ツール」をつくり始めたことだ。

「考えるための方法」が整理されると一気に思考が活性化する──

　それはシンプルだが奥深い発見だった。僕は、そう気づいて以来、多くの失敗や成功、人や言葉との出会いのすべてを「思考ツール」としてまとめていった。それを周りにシェアすると、「ビジネスの難題を突破できる強力な考え方」「もっと早くに知りたかった！」という声を多くもらうようになった。それが本書誕生のきっかけだ。

　この〈100の方程式〉は、僕の経験から仕事に活かせる4つの章で構成されている。

　Ⅰは、**「売れる」アイデア**を生み出すメソッドを中心に、物事を課題化し、クリエイティブな発想で壁を突破する秘訣を扱う。

　Ⅱは、プレゼンテーションの黄金則から魅惑的なストーリーのつくり方まで、**「伝わる」コミュニケーション**の技術を深掘りする。

Ⅲは、僕の個人的な体験をもとに、上達のコツ、失敗から学ぶルーティンのつくり方、最強のメモ術など**コアな仕事術**を紹介する。

　Ⅳは、**未来をデザインするビジョンの力**。誰もが仕事を通じてイキイキと活躍し、ワクワクする未来をつくるためのスキルを伝える。

　僕が立ち上げたPOOL inc.は「広告の技術には、人や企業や世界を幸せにする力がある」と信じているが、本書では、その広告技術を「思考ツール化」し、すべてのビジネスに応用できるように構築してある。そのすべては、仕事に苦しんでいた頃の僕が、地べたから一つひとつつくり上げていった空へ駆け上がるための階段であり、きっと皆さんをビジネスの高みへと導く指針となるだろう。

　はっきり言って、**「思考ツール」を持たずに仕事をするのは、バットを持たずにバッターボックスに入るようなもの**。

　当たるはずがない。しかし一度手に入れれば、時代が変わってもヒットを打ち続けることができるだろう。それは「思考ツール」が導くのが**答えではなく、普遍的な問い**だからだ。

　このツールから生まれる問いは、きっと眼前の壁に風穴を開けるきっかけとなり、仕事を何十倍も楽しくする支えとなるはずだ。本書を活用してもらえたら、これほど嬉しいことはない。

目 次

II コミュニケーションの方程式

Ⅲ　仕事をデザインする方程式

Ⅳ　未来をつくり出す方程式

アイデアを生む

I

方程式

お金がかかるアイデアは、たぶんアイデアではない

まずゼロ円でできることを考えると、クリエイティブが発動する

「小 西さんは広告代理店にいたから、いいですよね。大きなお金のある仕事ができるのって憧れです」

今まで僕は、人生で何度も、そう言われてきた。もちろん、広告代理店にいたからこそ出会えた人々や仕事があって成長させてもらえたのだから、前半の言葉には頷くが、後半は頷けない。

なぜなら、「お金があれば成功できるのに」と思っているマインドの人は、多くの場合お金があっても成功できないから。そもそもアイデアを考える時に有名タレントや大きなイベントから考えるのは、思考停止に陥っていると思う。

もちろんお金があってこそ実現できるアイデアもあるけれど、お金をかけずに世の中を変える「何か」を生み出した例は枚挙にいとまがない。

バンクシーはアートの世界を変えたが、かかってる費用はスプレー代ぐらいだろう。

僕の大好きな詩人・金子みすゞの詩は多くの女性を勇気づけてきたけれど、これもまたコストは鉛筆代ぐらいだ。ビジネスで世界を変え

たUberやAirbnbなども、スタート時はほぼお金をかけないアイデアから始まった。**アイデアとお金は密接に関係しているようで、実は赤の他人なのだ。**

では、どうやってゼロ円でやれるアイデアを生み出すか？

☞ すでにあるものを使え

その昔、「100ドルで新事業をスタートアップするにはどうすればいいか？」というテーマの授業がハーバード大学であった。その時のウイナーチームの使った費用は0ドル。なんと**その授業そのものを「メディア」にして、企業の課題を解決しPRする事業を立ち上げる**という、目からウロコのアイデアだった。

手持ちの資産、強みは何かを見つめ直すことで、お金をかけなくても、研ぎ澄まされたアイデアは生み出せるのだ。この時の思考法のコツは、**スタート地点を変えてみること**。「100ドルで」の意味は「お金をかけないで」だと考えると「一番いいのはゼロ円で儲けること」となる。そうすることで他のチームとは違うアイデアが生まれたわけだ。このように誰もが当然だと思って通り過ぎる前提を変えることで新しいアイデアが生まれることも多い。

僕が2012年に「はなまるうどん」で関わったほぼノーコストの施策を話そう。それが「期限切れクーポン大復活祭」。日本全国どんな期限切れクーポンでもお好きなメニューが50円引き！　とすることで、「紙切れ」を「金券」に変えたアイデアだ。

「えっ！　TSUTAYAのでもイオンのでも期限が切れていたら使えるの？」

そんな驚きから当時SNSでかなりバズった。このアイデアの何が画期的かって、

他人のふんどしで相撲をとったことだ。

　まだデジタルクーポンなど存在せず、ほぼすべての企業が紙にクーポンを印刷して配っていた時代、このキャンペーンは新たな印刷代ゼロ。しかも当時、**財布の中はクーポンだらけで期限切れクーポンもいっぱい入っていて整理するのが面倒という"隠れ不満"**を多くの人が持っていたから、強い共感も生んだ。「クーポンを発行する」というスタート地点から考え直したことで、お金をかけずに財布をクリーンにするアイデアに昇華できたわけだ。

　翌年は、サラダうどんの発売を機に「健康保険証を見せれば50円引き」というゼロクーポン企画を実施。さらに、子どもを連れていたら割引になる「生こどもクーポン」を仕掛け、ショッピングセンターからは「お客様をクーポン扱いするとは何事か！」と笑いながら怒られた。これも大きな話題となって広まった。

　どれもこれも、スタート地点のクーポン印刷をなくし、ゼロ円でやれることは何か？　という、あえて厳しい条件で追い込んだからこそ生まれてきたアイデアだ。

アイデアのスタート地点を変えよう。
世の中の"隠れ不満"を解消するアイデアは
ゼロ円でも生み出せる。

「離見の見」で、
進化せよ

「完成よりも反省」で、
アップデートし続けよう

どんな企画においても、「視点を変える」ことが大切だ。特に「相手の立場に立つ」ことが重要。どんなに注意深い人でも、目の前の仕事に没頭したり一つのアイデアに集中しているうちにそれをカタチにすることに必死になって、相手からの視点が抜け落ちてしまうことがままある。

ここで注意したいのは、「相手のために」と「相手の立場で」はまるで異なり、真逆の答えになることすらあることだ。好きな人のために大きな花束を抱えてデートに行き人前で渡したら、ドン引きされる可能性がある。それは相手の立場で考えなかったからだ。

相手のために、という思考には、自分に都合のいいように肥大化しやすいワナがある。結局は自分の好きなことを相手に押しつけることができるので楽だし、楽しいからだ。それに対して、

「相手の立場で」という思考は難しくて苦しい。それ相応に相手の情報が必要になるし、大きな視点から見て相手の状況を読み解く力が必要だからだ。

能楽ではそれを「離見の見」と呼ぶ。室町時代の世阿弥が『花鏡』で書いていることで、舞台には「我見」と「離見」というものがあり、我見は役者自身の視点で、離見は観客が舞台を見る視点。そして「離見の見」とは、**役者が、観客の立場から自分を見る視点、すなわち客観的に全体を見る力**のこと。この３つの視点を意識することで役者は大成するという。

　これはビジネスシーンにおいても非常に重要なスキルだと思う。なぜなら「仕事がうまくいかないのは自分の思いと相手の思いが重なるところがわからない（「離見の見」がない）から」という課題を意識できるようになるからだ。

　ちなみに「相手の立場に立って」開発した商品やサービス、ひいては街づくりなどでも、世の中に出て実際の「相手」が使った反応を見た上で、何度も見直し、磨き上げるのが望ましい。一旦は「完成」しても、「離見の見」で日々アップデートしていくのだ。だから僕は**「完成より反省のほうが大切」**と思っている。

👉「ピカピカどろだんご」のプロの教え

　先日、砂場研究家のどろだんご先生と、砂場について語り合った。彼女は「ピカピカどろだんご」をつくるプロだが、砂場研究の第一人者でもあり、日本各地に砂場をつくっている経営者でもある。彼女の話で驚いたことの一つが、インクルーシブ遊具と子どもの関係だった。

　インクルーシブ遊具とは障害がある子どももそうでない子どもも一緒に遊べる設備で、今やたくさんの公園で見かけるようになったもの。例えば砂場のインクルーシブ遊具は、車椅子でも立ったままでも使えるようにデザインされていて、難病のお子さんがこの砂場で笑顔になったという清々しい話も多くある。

ただ、実際に車椅子に乗っている子どもたちの中には、その特別な遊具を使わずにみんなが遊んでいる砂場のほうに這っていって遊んでいるケースもあるという。

　子どもたちの気持ちになれば、そうしたいのも頷ける。もちろんインクルーシブ遊具を設置することも大切だが、それだけで終わるのではなく、車椅子で遊ぶ子どもにとって本当にやさしい設備とは何か？そんな**当事者の立場に立った視点からどんどん改良すべき**なのだと思う。

一度つくったら終わりではなく、
何度も使う人の立場から検証する。
「完成より反省」の精神で刷新し続けよう。

逆から、横から、
下から見よう

使用シーンもターゲットもメリットも、
角度を変えると新しいストーリーが見えてくる

視点の話を補足したい。**「三角形と思っても、上から見たら円錐かもしれないし、横に回ると三角柱かもしれないでしょ？」**

　これは日頃から僕がよく言う話。一方向からだけでは物事の本質はわからないし、裏に未来への可能性が隠れているかもしれない。だから僕は仕事を受けると、まず課題となる商品をいろんな角度から見ようとする。違うシーンで使ってみるとどうだろう？　とか、別のターゲットならどういうメリットがあるか？　と探るわけだ。

　視点を変えることで予想外のカタチで商品が売れたり、新しい市場ができたりすることはままある。有名なところで言えば、ベビーオイルが美容に使われて大ヒットした例。赤ちゃん用の低刺激で無香料というUSP（顧客から見た自社独自の「売り・強み」）が、やさしいオイルを探している女性にウケた。あるいは、食材保管用のジッパーバッグが、中身が見える上に軽量かつ防水という理由で財布替わりになっていたり、ワークマンで販売している厨房用のコックシューズが実はレインシューズとして売れていたり……。視点を変えれば思わぬメリットや使い方が見つかり、新しい売り方や市場が生まれるわけだ。

　フランスの鋳物鍋ブランド「ル・クルーゼ」が日本市場で売れたきっかけが、鍋の機能性からではなくキッチンインテリアのアクセント

としてだったのは有名な話。あの美しい色の鍋が日本の食卓で強いニーズを生んだのは、まさに違う角度からのアプローチだった。

☞「三角形を逆さにした時にすべてが見えた」

転職支援サービスのビズリーチのホールディングスカンパニーVisionalの開発に携わった時のこと。そこで事業会社とホールディングス会社の関係性について、創業者の南壮一郎さんととことん話し合った。通常ホールディングスカンパニーは事業会社の「上」に立つ立場だが、南さんは「事業会社が頑張っているんだからその社員が上で、自分たちは持ち上げる立場じゃないとダメ」と何度も僕に話した。

つまり、真逆の発想である。その話を煮詰めていく時、ニューヨークのデザイナーである遠藤大輔さんが言った「Holdings as a platform」という言葉が突き刺さり、「そっちもアリだね！」と盛り上がった。**そこから、正三角形型の組織を逆さにした「逆三角形型の組織」が誕生したのだ。**Visionalの頭文字「V」はその逆三角形のカタチを表す文字であり、グループミッションである「新しい可能性を、次々と。」は、その可能性が生まれる場としての事業会社を後押ししていく思想を表現している。

今でも南さんと当時の話をすると「三角形を逆さにした時にすべてが見えたね」と笑い合う。視点を変えることで、会社の新しい未来だってデザインできるのだ。

視点を変える＝課題の捉え方を変える。
「そっちもアリだね！」を見つけよう。

日常の中のアイデアの種を
かけ合わせてみる

あらゆる"不満"を楽しみ、
あらゆる"いいな"にアンテナを立てる

「小西さんのクリエイティブの話は共感するし、メモもいっぱい取りましたが、自分の仕事は田舎の会社の総務なので関係ないですよね……」

　地方の講演会の後でそんな感想をよく聞いた。確かに、クリエイティブというと一見「華やかな」イメージがあって、都会の企画職やクリエイターの領分にも思えるが、本当はまるで逆。**都会より課題が多い地方のほうがアイデアが必要だし、総務や人事や営業などのほうが問題解決のアイデアを求められている**。だから僕はそういう感想を言った人によく言う。

「じゃああなたの仕事はすべて順調なんですね？」
「いや、もちろんそんなことはなくて問題ばかり。お恥ずかしい限りで」
「その問題はどう解決されるんですか？」
「はい。なんとか良い解決方法を考えたいんですけど……」
「ですよね。それがアイデアを考えるということですよ！」

　そう話すと「はっ！」という顔をされる。アイデアを考えるといっ

ても身構える必要はない。「アイデア」という言葉を僕流の日本語で訳すと **「これでうまくいくんじゃない？」** だ。言うなればただの「思いつき」でもいい。「あれどうすればいいですかね？」「そうね、こうすればいいんじゃない？」がアイデアの正体だ。そう考えれば、マーケティングや企画のセクションのみならず、さらに日々の滞りが生じやすく課題にあふれている営業や総務の部署には「これでうまくいくんじゃない？」が必須になってくるとわかるだろう。

　昨今、セールスフォース（営業領域）やビズリーチ（人事領域）のように、昔は「アイデアなんて必要ない」と思われていた領域のDX企業が活況なのも、

「大変だけど頑張るしかない」と長年放置されてきた領域が、実は大量のアイデアを必要とするビジネスのブルーオーシャンだと理解されたからだ。

　まさにどんな仕事、どんな人にもアイデアは必要だと思うし、クリエイティブな発想が大切になるわけだ。

☞ アイデアを生む2つのクセ

　だから、僕は誰かから仕事のアドバイスを求められるたびに、どんな職種の人であっても「アイデアを生むクセをつけたほうがいい」と伝えている。ではそれを、どうやって身につけるか？

　一つは、**あらゆる"不満"を楽しむこと**。生きている中で生じる多種多様な不満はアイデアの源泉なので、不満を嫌がらず楽しんで拾い集める精神が大切だ。不満とはある意味、お宝の山なのだ。これはまた別の項目で掘り下げたい。

　もう一つが、**あらゆる"いいな！"にアンテナを立てること**。自分を取り巻く日常にある「これ、いいな！」という便利なもの、心地よいものを拾い集めるのだ。例えば、トイレで座ったら便座があたたかいな、本を読む時やっぱり付箋は便利だ、マウスを動かす手首を支えるクッションって気持ちいいな……。それらはすべて誰かが考え、世の中に受け入れられたアイデア。それを意識することはアイデアを考える上でとても大切だ。その昔「アンテナを立てた人にだけ情報は集まる」と先輩に教えられたが、そんな「いいな」のストックが良いアイデアを導き出してくれる。

　次に、その2つのクセで集まった「不満」と「いいな」をどう扱えばアイデアになるかだが、実は簡単。**解決したい「不満」を決めて、「いいな」をかけ合わせてみるだけ**だ。

　東日本大震災後、子ども用の教材を扱うある企業から「防災と子ども」で何か提案してほしいと言われた時も、このやり方でアイデアが生まれた。まず防災テーマで「ヘルメットが重い」「手に取るところに置けない」という不満を解決すると決め、下記の3つの「いいな」をかけ合わせた。

①赤白帽——学校の体育で被るあの帽子。裏表赤白というだけでぱっと大人数をグループ分けできる。

②防災頭巾——教室の椅子の背にかぶせてクッションにもできてすぐ手が届くし、簡単に頭を守れるすぐれもの。

③スニーカーのエアクッション——あんなに軽いのに重い体重を反発させられて画期的。

先ほどの不満に、この3つをかけ合わせてつくったアイデアが「エアクッション入りの6色防災頭巾」。防災頭巾を各学年で色分けして配布し、6年間使用。大勢の生徒たちが避難した時も学年ごとに識別しやすくする。エアクッションが入っているから頭の防護力も高い。プレゼンで大変好評だったが、その後、防災企画そのものが諸事情でストップしたためまだカタチにはなっていない。やりたい企業がいたらぜひ相談してほしい。

さて、一度顔を上げて身の回りを見てみよう。そこが街でも会社でも家庭でも、きっと「不満」や「いいな」といったアイデアの種がたくさん落ちている。アイデアの落穂拾いはタダだし、かけ合わせで自分オリジナルのアイデアになる。ぼーっと見過ごさず、アンテナを立てれば「これをこうすればうまくいく！」という思いつきが生まれるだろう。

街はアイデアの種の宝庫。
「不満」と「いいな」を集めるクセをつけ、
「これでうまくいくんじゃない?」を生み出そう。

「虫眼鏡戦略」で
レアな世界を覗こう

局所的に盛り上がっている場は、
未来のビッグマーケットかもしれない

「インベーダーゲームってどこの喫茶店にもあったよね」「ひょうきん族見てなかったら次の日ついていけなかった」……僕たちのような昭和世代が集まって飲むとこういう話になり、平成生まれをキョトンとさせてしまう。

　誰もが着ていた「セーラーズ」とか、誰もが口ずさめる「ルビーの指環」とか、家庭に一つはあった「マジソン・スクエア・ガーデン」のバッグといった全国的に流行った共通体験を昭和世代は持つ。いい大学を出ていい勤め先に入り、小さくても家を建てるのを多くの人が目標にし、そんな社会の流れに迎合できない者たちが尾崎豊を崇めて「卒業」に涙し、「金八先生」の落ちこぼれに共感した時代だ（ちなみに詩人の茨木のり子が「和菓子の名につけたいようなやさしさ」と書いたように「落ちこぼれ」はとても美しい言葉なのに、いつからダメな人のレッテルになったのだろう）。

　先日あるイベントでDJが昭和歌謡をかけた時、会場にいた昭和世代がみんな歌い始めたのを見て、平成生まれの若者が泣いた。「どうしたの」と聞くと、「この店がこんなに一体化してるの初めて見たので感動しました」と話し、「日本中の人が知っている流行りがあったんですね。なんかいいなあ……」とつぶやいていた。

　確かに当時は、日々の暮らしの中でも、今知っておくべき情報や話題のアイドルや見ないと話についていけなくなるテレビ番組をみんなで追いかけていた。同じものに触れて無個性でいるほうが生きやすい時代だったのかもしれない。お立ち台で全員が同じ服、同じパラパラで踊り狂ったバブル期はそんな時代の終焉にふさわしかったと思う。

　だがその後、スマホが発明されてSNS全盛期になり、多様性の時代の中で人々はCOVID-19に抗って生きてきた。今や、世界で同じものが流行るのは少ないし、同じ国や同じ世代であっても共通の価値観や嗜好性で盛り上がることは稀になった。細分化されたコミュニティで各人が好きなものを追っている。間違いを恐れずに言えば、

マーケティング的にも「マス」は瀕死の状態。消費のメインは「大衆から小集」となり、超セグメントされた人たちの心に深く刺さることでしか、売上を伸ばせないようになった。

　そんな時代には「SMALL & SLOW」のブランディングが強いと僕は思う。小さな国土、小さな地域での個性化という点でも合理的だし、地方の小さなブランドでもじっくり時間をかけて積み重ねるなら十分にオリジナリティのある価値を広げられるからだ。でも、これは小さく縮こまってしまう話ではない。実はニッチなニーズから、世界をとれるビジネスになることは多々あるからだ。

　今、テレビの世界では「激レアさんを連れてきた。」や「マツコの知らない世界」「ポツンと一軒家」など、これまでのマスとは真逆の情報番組が脚光を浴びている。マスの情報には飽きたけど、ネットにある面白い情報を探し出すのは苦労する。だからテレビで気軽にレアな情報やたった一人の生き方をエンタメとして見たいわけだ。マス向

けのテレビで、**レアな情報をエンタメとして流す**。アンチテーゼのようなこの潮流は一般のビジネスにも広がっている。

　ガリガリ君で有名になった赤城乳業は年間100種類以上の新商品を出しているが、その中には「コーンポタージュ味」や「ナポリタン味」などの変な味がいっぱいある。クレイジーな戦略だが、とにかく売れる。新商品がどんどん淘汰されていく時代を逆手にとった、**ずっと売るつもりはないよという「激レア開発」**。これがSNSで熱い反響を巻き起こし急成長しているのは、見逃せない事実だ。

　すでに大きな市場を生んでいる声優ビジネスも、そこから派生した2.5次元のエンタメもそもそも「激レア」から広がった結果だし、昨今大流行している「脱出ゲーム」も小さくレアな活動がきっかけだ。もちろんエンタメ以外でも、高級家電というジャンルを開拓した「バルミューダ」も、わずか10本から化粧品をOEMする「解決本舗」も、最初はニッチだったが十分大きな企業となっている。

　僕は、**このような激レア分野の開発やたった数件の依頼のために仕事を興す考え方を「虫眼鏡戦略」と呼んでいる**が、大きな流れが見えないこれからの時代には、小さいけれど確実に面白いものや局所的に盛り上がっていることから始めて、確実に育てるビジネスが主流になると思う。

　気になるものがあったら、近づいて虫眼鏡をかざして見てみよう。その小さな世界の中には、宇宙のような世界が広がっているだろう。

ニッチな分野の「激レア」こそ、大きなブランドに成長する可能性を秘めている。

ルールより、
ゴールは何か？

高い山に登って景色が見たかったら、
登る山を変えたっていい

京都の五条に「suba」という話題の立ち食い蕎麦屋がある。この蕎麦屋のインテリアデザイナーはYUSUKE SEKI。ファッションブランドのsacaiが表参道に構える旗艦店のデザインなどを手掛けるなど、今や押しも押されもせぬ若手デザイナーの筆頭格だ。

　長年親交がある彼にそのsubaの話を聞いた時、面白い発想だなと膝を打ったことがある。彼曰く「いいテーブルが置きたかったけど、制作費に100万円もかかったらさすがにOKでないから……」「じゃあ諦めたんだ？」

「いえ、100万円の彫刻をクライアントに購入してもらって、それをテーブル代わりに使いました」

　目からウロコだった。**蕎麦屋に100万のテーブルは高いが、100万以上の価値になる芸術作品なら、むしろ安い買い物だ**。彼は、滋賀在住の作家に依頼して、大きな石柱のような彫刻作品を納品した。その存在感のある彫刻により彼の目論見通りに素晴らしい店になったし、テーブルではなく傾いた芸術の上で汁をこぼしながら蕎麦をすする風

景がSNSでも話題になった。もし彼が「高価すぎるのはダメ」というルールに従って安価なテーブルをつくっていたら、この反響は生まれなかっただろう。彼は、ある山を登ろうとしていろんな登山口を探したり、山の中腹で「仕方ない」と諦めたりするのではなく、**高い山から見える素晴らしい景色を見るために、登る山を変えたわけだ**。ルールを変えてゴールを目指すこのアプローチは、すべてのビジネスに応用できる思考ツールだ。

「白い紙に白いペンで、私に見えるようにはっきり文字を書いてください」

　皆さんならこの問題をどう解くだろう？　これは僕が小学生向けにアイデアの発想講座をする時に必ず出す質問で、子どもたちからは「筆圧を強くする」とか「あぶり出し」などのアイデアが出てくる。

　では僕が出す答えは何かというと、「まず、黒いペンをくださいと言う」だ。みんなから「えーそんなのずるい」という声が上がる。でも本当にそうだろうか？　「白い紙に白いペンで書く」というルールに囚われれば、黒いペンをくれなど論外だし、ずるいことになる。しかし「私に見えるようにはっきり文字を書いてください」を最も大切な部分ととらえれば、黒いペンをくれというのも正しい答えの一つになる。つまり、何を大切なゴールと思うかによって、発想のスタート地点が変わるわけだ。

　YUSUKE SEKIの例でいえば、お店にふさわしいテーブルを置くというゴールを達成するために、100万円はかけられないというルール内でなんとかしようとするのではなく、繁盛するお店をつくるというゴールを見据え、100万円以上の価値がある芸術作品を置くという、いわば「ずるい」アイデアで勝負したわけだ。

☞ 斬新なアイデアはいつもルールの先にある

　ルールより、ゴールは何か？　を考えるクセがつけば、既存のルールを逸脱したり、新しいルールをつくってでもゴールに向かえるアイデアを生むことができる。しかし日本人はこのルールを逸脱する発想法が大の苦手だ。ルールを守ることが常に正しいと教えられる教育からか、前提としての決まり事を疑ってみる思考習慣がない。

　会社でみんなが改善したほうがよいと思っていることでも、なんとなくの慣習や社内ルールや上司への忖度などで、新しいアイデアの種を消していることは本当に多い。

　でもアイデアはいつもルールを超えた先にある。

かつて誰かがつくったルールは、時代や状況に応じて誰かが変えなければいけない。そうして新しいやり方が生まれれば、それが新しいルールとなる。

　一度、あなたの仕事を見直してみよう。ルールを先行して考えているプロジェクトがあるならそれはきっとゴールが曖昧になっている証拠。「結局何をしたかったんだっけ？」への問いかけが、ルールを超えるアイデアを生むきっかけになる。

**ルールはゴールじゃない。
ゴールからルールをつくってもいい。**

できっこない！
をやるから流行る

ビジネスのアイデアは、一般的な感覚を
逸脱するぐらいでちょうどいい

ル　ールや常識に囚われると画期的なアイデアは出なくなる。過去
　　の成功事例やよくあるやり方の模倣も同じく話題にならない。
本気で話題にしたかったら、**逸脱する勇気**が必要だ。

　以前、大阪のある老舗ホテルの役員の方から、ランチに人を呼ぶ施策を考えてほしいという依頼があった。ランチの価格はビュッフェスタイルで5000円。家族ユーザーに向けた子どもメニューも充実していたが、もっと話題にする企画を求められた。

　提案したのは「**リアル子ども目線**」にすること。例えば子どもが取りやすい高さに料理を置いたり、文字プレートも下位置に配置するなど、子どもから見てワクワクするビュッフェ体験にするわけだ。子どもが支持する企画は、長い目で見れば大人が家族を連れていきたいレストランになる。飲食店の企画で大事なのは、何よりも美味しく、食体験そのものが楽しく、そして愛されること。それなくしていくらSNS施策やデザインで凝った世界観を出しても世の中は反応しない。

☞「そんな馬鹿な」と笑いが起きた

　とはいえ、その時は「もっとインパクトのある施策はないですか？」

と聞かれた。意外性のあるコラボ施策などを期待されたのかもしれないが、僕が次に話したのは、**「じゃあ1万円付きランチビュッフェやりましょう」**だった。ホテルの関係者はみなきょとんとした顔になり、次の瞬間ドッと笑いが起きた。「そんな馬鹿な！」と。

でも僕は大真面目。常識で考えれば5000円のランチで1万円プレゼントしたら大赤字だ。でもPRで何かの看板を制作したり、広告を打てば100万くらい簡単になくなってしまう。その100万円があれば、1万円付きのランチを100食は出せる計算になるから実現は可能。しかもPR効果は絶大。だって食べたら儲かるのだからSNSがお祭りになるのは必至だし、100食の枠を争ってみな殺到し、メディア取材も来るし、メニューの理解も進む。夢のアイデアだ。

でも結果的にこの施策はやらなかった。「それ、いいですね！」という関係者の情熱がないと、この手のアイデアは絶対に角がとれて丸くなる、丸くなると面白みがなくなって話題にならないからだ。**でもそうした壁を突破して、世間でできっこない！　と言われることを、緻密に考えて実現できると、大きく広がる。**

サントリーのお茶「伊右衛門」はその好例だろう。あの名前は、発売当時「他にない変わった名前」だったけれど、それでいけるとサントリーは覚悟を決めて勢いよく進んだ結果、変わった名前はオリジナリティを生み、長年愛されるものとなっていった。本気で人の心を動かしたいなら、目的を見定めた上で、常識から逸脱して考えるといいのだ。

できそうなことから「そんな馬鹿な！」まで考えて、一番、心が動くものを探し当てよう。

セッションは、
一番遠いヤツと

「え、マジで!?」「なるほど！ いいね」が成立する
一番遠いコラボ先を探せ

ビジネスの企画でコラボレーションのアイデアが出る場合、そのほとんどは「関係しそうな領域」とのコラボである。僕は、経営者とのミーティングや新規開発プロジェクトに呼ばれて、アイデアのスパーリングに付き合うことも多いが、聞かされるのは「似ている分野でイケてる相手と組む」話ばかりだ。

先日も飲食経営の会社に呼ばれ、新規事業領域の話でそのパターンになった。その時、僕がストレートに打ち込んだのが**「一番遠いと思う領域の会社とコラボしましょう」**だった。

考えてもみてほしい。音楽とファッションとか、飲食と地域企業とか「似ている感じのブランド」「近しいけどまだやってなかった企業」とコラボするのは選択肢の一つだが、世間はあまり驚かない。往々にして「企業の格として同じぐらいの……」という話がでてくるし、同格のイケてるところを求めるのでエッジが立たないのだ。

例えばキリンがPlan・Do・Seeと組んでも「へえ……」で終わるし、一見遠そうでもアップルとナイキでは（Apple Watch Nikeのように）相性が良すぎて、「いかにも組みそうな感じだよね」になる。

流行するコラボには「違和感」が必要。その

ためには遠いイメージの企業やブランドと組むほうがいい。

　例えば、メルセデスがサントリーと組むと驚くし（なぜクルマとお酒が⁉）、スターバックスとナイキでも驚くだろう（コーヒーとスポーツ⁉）。ブランドとしての領域の遠さだけでなく、例えば規模の差でも、LVMHが京都の小さな西陣織企業とコラボしたりすると一体なぜ？という興味がわく。ただし、「え、マジで⁉」という驚きのあるコラボでも、ただ遠い業種だけではダメ。そこに深く納得できて心を動かすほどのコラボストーリーがあれば、「なるほど！　いいね」という感動が世界中に広がる。

　成功例を挙げよう。かつてナイキがヴァージル・アブローとコラボして、世界中を熱狂させた「THE TEN」。ラグジュアリーストリートの革命児がスポーツブランドと組んだスニーカーは空前のヒット作となった。今でこそスニーカーとアーティストとのコラボは珍しくないが、当時は新しい試みで「良い違和感」があった。大企業が個人アーティストをフックアップするのも美しく、ストリートなモノづくり哲学をリスペクトし合う姿に世界は魅了され、「いいね」が広がった。

　コラボの方程式はお互いの業種的な親和性よりも、感動を生む組み合わせを優先すること。そのためにも2つのブランドでどういうストーリーを描き、共感を生み、心を動かせるかでコラボ先を見極めたほうがよい。

**良い違和感と感動をつくり出せるのが、
良いコラボ先だ。**

セクシーな歌手に、セクシーな歌を歌わせない

違和感を生み出すことが、話題を生み出すコツ

コラボにおけるコツと同様、あらゆる商品設計やそのPRにおいても**「よい違和感」「ギャップ」をつくり出すことが、世の中で注目される鍵**だ。いい企画、いい商品なのにさっぱりウケない、売れない場合、しばしば「違和感」に欠けている。

僕が、音楽プロデューサーの木﨑賢治さん（沢田研二さんからBUMP OF CHICKENまでプロデュースしてきたレジェンド）に教わったのが、**「セクシーな歌手にセクシーな歌を歌わせない」**という考え方。その、意外性こそが世の中を魅了するというエンタメの極意は、僕が信条としてきた「違和感」「ギャップ」づくりという思いをまさに凝縮した言葉。そしてこの極意は商品プロモーションやPRイベントはもちろん、普通のビジネスにも通用する。

過去の僕の仕事でいえば、ネーミングから担当したツムラの「きき湯」という商品のCMに元YMOの細野晴臣さんを起用したり、日産ノートのCMにスチャダラパーのBoseさんを起用したりした。また新しいトヨタのCMでは、若い人をターゲットにしたヤリスのブランドに、ゴダイゴの「モンキー・マジック」を使ったりもした。すべては違和感から新しい感覚を生むトライをしているわけだ。

このアプローチ法は、ネーミングや企画のアイデアそのものにも応

用できる。例えば、お茶のロングセラーブランドである「お〜いお茶」は、「呼びかけを名前にしている」稀有なネーミングだし、「無印良品」も、そもそも「ノンブランド」という意味の「無印」を「良い品」とかけ合わせた違和感型の名前だからこそ頭に残った。名作映画の「ティファニーで朝食を」などはまさに違和感のあるタイトルの代表だし、2023年の流行語にもなった「ヌン活」も、優雅なイメージのアフタヌーンティーが「ヌン」という少しおマヌケな音になってイメージギャップを生んだからこそ人々が話したくなる流行語となった。

注意すべきは、「変」ではなく「違和感」を求めること。ただ変わってるのではなく、「いいね」「なるほど」「しっくり」という共感も大切だ。

また、スターバックスから発売された「＃ストロベリーベリーマッチフラペチーノ®」も、あえて店頭で言いにくい「長い名前」を選んでいることで良い違和感を生んだ。基本的に、伊右衛門とか「こくまろカレー」のように、消費財のネームはできるだけ短くするのがよいというのが通常の考え。だが、この商品を楽しみ、SNSで投稿する若者の興味を惹くなら「え!?」と思わせるアプローチが必要だった。

日々多くの情報量に接している彼らに面白がってもらうには、商品の内容を伝えつつも常識の逆を行く「なげーよ!」

な名前がアリだったわけだ。思惑は的中し、商品の新規性も伝わり、「なげー！」というツッコミとともに共感を生み、口コミで大きく拡散した。

☞ ショッピングセンターで黒という禁じ手

あえて違和感をつくり出すアプローチはブランドイメージのつくり方にも応用できる手法だ。例えば越谷のショッピングセンター「イオンレイクタウン（AEON LakeTown）」のブランディングの時、僕たちのクリエイティブチーム（金子敦さん、金子泰子さん、僕）はそれまでショッピングセンター（SC）で使ってはいけない色とされていた「黒」をキーカラーにした。看板やサインはもちろん、スタッフの制服や施設を走り回るセグウェイ、さらには車椅子もすべて「黒」。家族が来るところだから、かわいい、清潔感のある色にしたいという反対意見もあったが、結果的に世の中のイメージからかけ離れた「黒」を選択したことで、これまでのSCにはなかった高級感や品質感が向上し、施設全体の格上げに寄与した。まさに違和感が生んだブランディングの成功事例だと思う。

あたりまえの組み合わせはアイデアではない。**世の中の逆を行くことで話題になり、広がる**。無論、定石通りにやったほうがよいタイプの商品やPRもあるが、特に大きな話題にしたいとか、現状を打開したい時に、違和感を生む発想法は有効だ。

**違和感のないアイデアはアイデアではない。
「え!?」という驚きこそが必要だ。**

デコン×ヨコテンで
オリジナルアイデアに

良いアイデアはパクらずにインスパイア!
「流行エッセンス」を抽出し、真似ればいい

「**挽**きたて、焼きたて、炊きたて」の3たてにこだわった、炭火焼ハンバーグと炊きたてご飯の専門店「挽肉と米」。仲間と一緒に立ち上げたこのブランドは2020年にスタートして以来、SNSを通じて世界中で流行し、飲食業界でも大きな話題だ。ただ人気なのは誇らしいが、パクリ店も横行していて、店内デザインから食べ方シートまで同じ店が、国内はおろか海外にまで広がってきた。

アイデアを真似ること自体は必ずしも悪いことではない。**世の中にあるアイデアの多くは、すでにあるものの形を変えたものか、かけ合わせ**だからだ。ただ「そのまま形にして出す」のは良くない。それは単なるパクリとして蔑まれるし、知財の侵害にもなる。

優れたアイデアのエッセンスを吸い取り、アレンジしたり、何かとかけ合わせたりするのは良いこと。インスパイアされてオリジナルをつくればいいのだ。

でも具体的にはどうやってやればいいの? とよく訊かれるので、デコンとヨコテンという2つの思考ツールを示そう。

☞ デコンで「考え方の武器」をつくる

デコンとはデコンストラクション。つまり**アイデアの解体をすること**。気になるアイデアに出会ったら、何から発想したか？ なぜ流行っているのか？ を考えて、自分なりの流行エッセンスを見つける思考ツールだ。

ポイントは、自分が興味を持った流行だけを抽出することと固有名詞じゃなく一般ワードにすること。さらに間違ってもいいと思うこと。自分流のほうがオリジナルアイデアに到達しやすい。

例えば人気の「サウナ」をデコンしてみると、いくつかの流行エッセンスが出てくる。**①テレビで放映された ②バイブルがある ③伝道師がいる ④ファッション化されている ⑤儀式がある ⑥合言葉がある ⑦新旧の対立構造がある ⑧コミュニティがある ⑨独自の体験がある**

まずタナカカツキさんが書いた「サ道」というバイブルの存在は大きい。実際、自由すぎるより「理想のカタチ」があるほうが流行しやすいからだ。さらに「ととのう」という合言葉があること、サウナ→水風呂→外気浴などのルーティン（儀式）があること、さらにコミュニティ（サウナー）の存在、「我慢VS無理しない」の新旧対立、ロウリュなどのオリジナル体験。これらが流行エッセンスとなって、やりたい欲と話したい欲を刺激したと分解できる。

流行をゼロからつくるのは難しいが、どういうポイントから攻めればいいかがわかれば圧倒的に考えやすい。上記のように、気になった流行のエッセンスを抽出＆ストックしておけば、次なる流行を考えるきっかけとして使える。それを持っている人と持っていない人では、企画に雲泥の差が生まれるのは歴然だ。

☞ ヨコテンも強力

　もう一つのインスパイア方法は、**ヨコテン**（水平展開）だ。ヨコテンとはデコンで因数分解した流行エッセンスを、違う分野に展開すること。

　キットカットの受験生応援キャンペーンをテーマにヨコテンを解説してみよう。まず興味を持ったらデコンする。この場合、「縁起をかつぐと売れる」「ダジャレで商品と関連（きっと勝つ）」「お守りになる」「応援できる」「科学的根拠（甘い＝脳に効果的）」あたりが流行エッセンスとして抽出される。その後これらをストックして別の仕事で見返し、かけ合わせてアイデアを生むだけだ。

　例えば、タクシーアプリ「GO」の仕事に、デコンしておいた「縁起かつぎ」「ダジャレ」をヨコテンすると、「GO格応援ライド」のような応援ライドができる。同じく、ゲームアプリのウマ娘で「うまくいく！キャンペーン」もできるだろう。ビジネスの決起大会なら勝沼ワイナリーで「勝つ沼イベント」も考案できる。流行エッセンスをヨコテンすれば、どんな仕事でも面白く流行するアイデアを生み出すことができるだろう。**ダジャレでもいいからイベントかプロジェクトの**

図1　ヨコテンの方法

STEP 1　デコン

気になったアイデアから
「流行エッセンス」を
見つけてストック

STEP 2　再発見

別ジャンルの仕事を観察。
「流行エッセンス」との
類似点を再発見

STEP 3　マッチング

「流行エッセンス」と
新事業をかけ合わせた
言葉をつくるのがコツ

タイトルをつけてみるだけでいい。それで十分アイデアになる。

ヨコテンのポイントは、別ジャンルの仕事に似ているポイントを見つけて展開すること。

　例えば「受験シーズン」はキットカットとGOをつなぐポイントだし、「必勝祈願」は決起大会とお酒をつなぐポイントだ。世の中の似ている行動、興味、思いを意識すれば、精度高くヨコテンできる。

　2020年にロート製薬から発売されたD2Cスキンケアブランド「SKIO」の開発もこのヨコテンが起点だった。当時流通にも簡素化ブームが来て、発送用の箱の代わりにプチプチ（気泡緩衝材）で送られる商品が増えたのをデコンしておき、D2Cをポイントに「プチプチパッケージ」へとヨコテン。結果的にPOPで可愛く、かつそのまま商品発送に対応できるアイデアに昇華した。

　このように、優れたアイデアに敬意を表しつつ、デコン＆ヨコテンすれば、人の心を動かすオリジナルのアイデアが生み出せる。

　僕は**「流行は、嫉妬するものだ」**と思っている。その嫉妬こそが理想のアイデアにたどり着く力になるからだ。嫉妬も不満も力は大きい。それを使えば誰も真似できないアイデアを生むこともできる。まさにスティーブ・ジョブズの言葉のように、**「真似しようとすら思わないレベルのイノベーションを続けろ」**だ。

**流行しているものに嫉妬して、なぜ成功したか？
をデコンせよ。そしてヨコテンする。
するとオリジナルのアイデアが見えてくる。**

1時間で100個のアイデア 「ホワイトかけ算メモ」

「できること」×「好きなこと」 ＝アイデアという公式

もう一つ、アイデアを生むテクニカルなメソッドをお伝えしよう。これは公式さえ知っていれば、誰しもが1時間で100以上アイデアをつくることもできる強力な思考ツールだ。

まず前提となるのは「アイデアは何かと何かのかけ合わせ」だということ。この時代に本当の意味でゼロから生まれるアイデアはまずなく、世間があっと驚くようなアイデアも、実は昔の商品アイデアと今のニーズのかけ合わせだったり、違う業界のアイデアを使ってヨコテンして開発したものだったりする。

例えばその昔、エアラインのマイレージ施策をヨコテンし、空前の成果を上げたキャンペーンがあった。それが「走って1km＝1円。乗って1年＝1万円。"技術の日産"マイレージキャンペーン」。クルマの買い替え促進キャンペーンに、当時流行り始めていた**「マイレージ」の概念をかけ合わせる**ことで、**「古いクルマ＝恥ずかしい」という意識を「古いクルマ＝お得」にひっくり返した**のは有名な話だ。こうしたアイデアの核心にある「かけ合わせ」を使った思考ツールが「ホワイトかけ算メモ」。以前「六本木未来会議」のワークショップで、たった15分で100以上のアイデアを生み出したこともある強力なメソッドだ。それを方程式として書くと、

「できること」×「好きなこと」＝アイデア

　というシンプルなものになる。まず「解決する課題」を決め、2つの重なる三角形の中に、3ステップでワードを入れて混ぜるだけ。実際にやってみよう。

　例えば「本屋にもっと若者が来るようにしたい」という課題を設定したとする。まず最初に、①**「できること」を左に書き出す**。そのテーマ（この場合本屋）の場所にあるモノ、できること、技術、可能性など何でもいいから関連している要素を列挙して書き出す。例えば、本棚、クーラー、椅子、講演会、垂れ幕、立ち読み、書店員、書籍の配列、POP職人などいろいろある。

図2　「ホワイトかけ算メモ」の例

②次は、右に「好きなこと」を書き入れる。自分の好きなことよりもターゲットが好きなものがいい。流行しているモノやコトや人、好きなもの、気になること、やってみたいことなど、とにかくいっぱいあげてみるのがいい。今回の場合「若者」なので例えば、ナチュラルワイン、サウナ、推し活、2.5次元、声優、AI、マッチングアプリ、パンケーキ、萌え、盛り、占い、コーヒー……いくらでも書けるだろう。

③最後にそれらの言葉をかけ合わせるだけ。すると、「声優書店員」「書籍の配列占い」「AI・POP職人」「立ち読みマッチングアプリ」……と、1時間で100ぐらいのアイデアは軽く生み出せる。あとは、そこから楽しく選ぶだけ。「声優書店員」は間違いなく集客できるし、「AI・POP職人」もやれば話題になりそうだ。わけがわからないのもいっぱい出るがそれも御愛嬌。真面目に考えても到底出ないアイデアの中にこそ、革新的なアイデアが混じっているのだ。

実際にこのホワイトかけ算メモから生まれた事例の一つが、2014年に輸入生活雑貨店「PLAZA」の50周年記念プロジェクトで開発した「I WRAP♥YOU」だ。お店でできることの一つである「ラッピング」と、当時流行し始めていた「セルフィ」や「映え写真」を組み合わせて、世界に一つの包装紙をつくるアイデアに昇華した。自分や家族、愛犬の写真がプリントされた包装紙で商品を包みそれを贈り物にすると、「孫の笑顔の包み紙捨てられない」「愛犬がプリントされたプレゼントが来た」と大きく話題になり、プレゼント需要を押し上げる施策となった。

☞ メモの左側に「逆のこと」を入れると…

ちなみに、左側の「できること」の替わりに、今の商品とは「逆のこと」を入れてみると、違う角度からのアイデアが生まれる。例えば

冷蔵庫は普通、白いし大きいし重いので、その逆の「黒い」「薄い」「軽い」と左に書いて右の「好きなこと」とかけ合わせれば、例えば「壁掛け冷蔵庫」のような新しいアイデアが生まれたりする。先ほどのように書店がテーマなら「本がいっぱいある」の逆として「本が一冊しかない」と書けば、「一冊と一杯の書店」なんてアイデアが生まれ、一冊だけ売る本屋として話題になった銀座の「森岡書店」を超えられるかもしれない。

　ちなみに、アイデアを考えているとよく陥るのが「その商品やサービスと関係ないアイデアになってしまう」ことだが、この「ホワイトかけ算メモ」では左に商品のことを書くのでそれがない。さらに流行を踏まえられるし、普通に考えていれば出てこないようなアイデアを出しやすいので、特にビジネスが膠着した状況で使うと発想が大きく広げられる。

　このように「ホワイトかけ算メモ」は実際に使える案がスピーディにたくさん出せるメソッドだが、実は**「アイデアを考えるって楽しくて、自分でもできるものなんだ」と思えるのが最大の効用**。一度楽しくなれば、仕事のいろいろな場面でアイデアを出して、工夫したくなる。難しく考えずに、楽しくつくって、いいのを選ぶ。それがアイデアとのつき合い方だ。

「ホワイトかけ算メモ」で
アイデアを出す楽しさを味わおう。
たくさん書いて、ピックアップするだけ！

ヒットを生むなら
「ブラックわり算メモ」

商品企画も事業計画も
不満を並べ立てるところからスタート

奇抜なものも含めて大量にアイデアをつくり、そこから大当たりを選び抜くのが「ホワイトかけ算メモ」の真骨頂。流行エッセンスを含んだアイデアを短時間で多く出せるので、特にプロモーション企画やイベント開発を考えるのに最適だという声をよくもらう。

それに対して「ブラックわり算メモ」は、「不満」というブラックな感情をベースに、ヒット要素の高いアイデアを生むメソッド。アイデアを拡散するのではなく収束させるので数は少ないが、強く共感されるアイデアを生みやすいのが特徴だ。その方程式は、

「世の中の不満」÷「企業の技術」＝アイデア

かけ算ではなくわり算なのは、不満を技術で割る（解く）ことでアイデアを開発するからだ。この公式もホワイトと同様に図を使うが、違いは左に「不満」、右に「技術」を書くこと。

例えば、課題を「一人暮らしの若者に支持される家電をつくる」としてみよう。まずは、**①左に「不満」を書き連ねていく**。ここでは「一人暮らしでの生活の不満」を並べられるだけ並べるわけだ。例えば「食器が洗えずに置いてある」「ゴミが溢れていて彼女が呼べない」

「冷蔵庫の中に賞味期限切れの食品が多い」「リモコンが見当たらない」「隣がうるさい」「大きなテレビが買えない」などなど。

　次に、**②右に提供できる技術を書き出す**。今回はわかりやすくするために主な「最新技術」を書いておくが、本来は企業のオリジナル技術や得意ジャンル、新開発されたデバイスやサービスでできることなどを書く。最後に**③右と左をぼんやり見ながら「不満を技術で解決できそうなもの」を書き出してみる**わけだ。ここはちょっとコツがあって、右の企業の技術を少し過大解釈するほうが、アイデアを実現するための技術的発想も生まれやすくなる。

　さてこの「ブラックわり算メモ」の結果、「ゴミを見分けて捨てるAIゴミ箱」「逆位相の音波で隣の騒音を抑えるスピーカー」や「賞味期限をスマホで教えてくれる冷蔵庫」「自動食洗機ロボット」「おーい

図3　「ブラックわり算メモ」の例

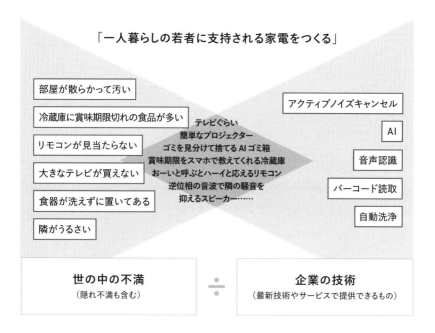

046

と呼ぶとハーイと応えるリモコン」などが簡単に思いついた。リモコンなどはすぐに商品化したいと思うレベルではないだろうか。

☞ いいことよりも、不満のほうが考えやすい

しっかりしたアイデアが出るのにどうしてこんなに簡単に考えられるかといえば、人はいいことを考えるより不満を考えるほうが得意だからだ。10秒で企業のいいところを挙げてくださいと言うより、悪いところをあげてと言ったほうがたくさん挙がるし、「厳しい意見」もどんどん出る。さらに**不満の解決はそれだけで共感を呼び、人に話したくなるから**、不満から出発したアイデアは流行りやすい。

実際にこの「ブラックわり算メモ」を使って開発したのが「挽肉と米」だった。まず既存のハンバーグ屋さんの不満を左に書いていく。すると「味がひとつでつまらない」「焼きたてでも食べているうちに冷める」「ご飯が美味しくない」、さらに男性なら「量が足りない」、女性なら「多くて食べきれない」などが出る。

この不満に対して「挽肉と米」は、「基本は塩味だがたくさんの調味料で味変できる」「3つのハンバーグを次々に焼きたてで出す」「ご飯も炊きたてで提供する」「1個単位で頼む量を決められる」などのアイデアを生み出した。挽肉と米は美味しいこととバエることで人気だが、不満から生まれたアイデアが流行を支えているのは間違いない。

**技術と不満を同時に見ながら
不満解消のアイデアを導き出そう。**

「不満ビンゴ」9つのマスで
すべての「不」を洗い出せ

アイデアを考えることは、
不満を楽しむこと

僕に言わせれば、アイデアの源泉は「不満」である。日本では不満を言うことは美徳ではないが、アイデアを生むためには不満に着目し、不満を楽しむぐらいのほうが良いと思っている。

ちなみに僕は日頃から「不」という文字を意識しているが、それは「不」という言葉がついているものはすべてアイデアの種だからだ。不満はもちろん、不安、不潔、不快、不便、不吉、不可能、不公平……。これらに注目してみると、身の回りにいかにたくさんの解決すべき課題が隠れているかわかるだろう。

「不」はすなわち改善の種。そのすべてにアイデアが必要となる。さらに言うと、「不」は人の心をマイナスに揺さぶっているものだから、**解決されれば大きなプラスの心の動きが生まれ、人に言いたい！ という衝動も生まれるので、「売れる」「流行る」ことにつながっていく**わけだ。

だから皆さんにも楽しんで「不」を探してほしいのだけれど、いざ探そうとしても見つけづらかったりする。そこでまずは**「不」の一部である「不満」だけに注目して、身の回り半径5mの不満を見つける**のをおすすめしたい。それだけでも十分にアイデアの種は見つかると思う。

以前、連続起業家で友人でもある孫泰蔵さんに話を聞いたとき、兄である孫正義さんの日頃のルーティンを教えてもらった。それは、**毎日不満をノートに書き込み、その解決アイデアを発明すること**。孫正義さんといえば、音声付き電子翻訳機を思いつき、それをシャープに売ったことで最初のビジネスの原資を得た話は有名だが、それがこの不満を起点にした「発明ルーティン」から生まれたのだと思うと嬉しくなった。しかも、あれだけのビジネスを経営している今になってもなおその習慣を続けているという。ビジネスの巨人になってすら不満を見つける感度を研ぎ澄ませておくのは大切だということだ。

☞ 条件のいい時ほど、不満ビンゴで検証

僕は、仕事にとりかかる前にいつも不満と向き合うことにしている。あるスキーリゾートのブランディングを依頼された時もそうだった。今、ニセコに代表されるように日本のスキーリゾートは活況だし、世界中から投資のお金が集まるから前途洋々だ。ただそうなると打ち合わせの話もみんな前向きの意見が多くなり、浮足立ったアイデアばかりになって本質的な解決ができなくなってしまう。正直、**金、モノ、人をただ集めるだけでは10年で飽きられてしまう可能性がある**。もっと本質的な観点で人（命）の欲求に近い開発をすべきだし、そうするためには今、人が心の底で思っている（思っていなくても存在する）不満を解決するように動くべきだ。

だから上記の仕事の時も、僕は9つの不満から考え始めた。「不満ビンゴ」と名づけたその9つのマス目は、アイデア開発の準備運動としてよく使うもので、人の心に眠っている課題を掘り起こすには最適の思考ツールだからだ。原理は簡単で、図4のように「私の不満、まわりの不満、社会の不満」×「機能の不満、機会の不満、気分の不

| 図4　不満ビンゴ

	私	まわり	社会
機能	1	2	3
機会	4	5	6
気分	7	8	9

満」をそれぞれ考えるだけだ。

　例えば今のスキーリゾートにある「私の不満×機能の不満」なら「レンタルスキーウエアがださい」「家族で遊ぶところがない」といくらでも挙げられるし、「まわりの不満×機会の不満」なら「学生にはリフト券が高すぎる」「英語がスタッフに通じていない」、「社会の不満×気分の不満」となると、ニセコのように「海外の企業がメインで開発しているが日本は大丈夫か？」「地価が上がっても地域の人に還元されない」などが出る。

　どれを解決すべきなのかは、開発主体が地元企業なのか外資系企業なのか自治体なのかでも変わってくるが、まずはこの「不満ビンゴ」で「不」を洗い出すと、すべての不満が見える化され、本質的に解決しなければならないアイデアの方向性がクリアに見えてくる。

不満ビンゴはアイデアの準備運動に最適。
眠っている課題を掘り起こし、俯瞰して見よう。

不満は会議室で 起きてるんじゃない、 現場で起きてるんだ

不満のフィールドワークに出よう。 街には、新商品・新サービスの種が眠っている

ビジネスと不満の関係について、もう少し深掘りしてみよう。まずはいま手元にあるスマホの画面を見てほしい。僕の画面には例えばGoogleやNetflixやSuicaやLINE、ニュースやお天気アプリなどが並んでいるが、それらを**「不」という視点で見てみると、そのどれもが「不満」や「不便」から生まれている**ことがわかる。

部屋を見回しても、通勤途中の街を見回しても、「不」を解決したアイデアで溢れていることがわかるだろう。「不」というメガネをかけて街を見ると、不とビジネスの関係がいかに深いかに驚くと思うし、そんな視点で今の自分の仕事をチェックするだけでも、違う風景が見えてくるはずだ。

ある飲料メーカーにこの話をしたところ、早速やってみようということになり、チームでコンビニに出向き、飲料の棚を見ながらいろんな「不」を洗い出してみた。すると、たった10分ぐらいで出るわ出るわ……コロナ禍だったこともあり、取っ手が不潔とか商品が少ないなどの不便から、文字が小さいから見にくい、冷蔵の棚が曇るなどの不満までさまざま。一番多いのは、**欲しい商品がない、容量が大きくて重すぎるなどの機能面の不満**だった。

その後チームで街を歩き、飲む場所への不便や自販機への不満を集め、さらに大きな社会の不満も拾い集め、それらを不満ビンゴ（p50参照）の9つの枠で整理した。

　机上で考えず、現場で不満を拾うことから始める。僕たちはこの「不満のフィールドワーク」を通じてまさに「不満は現場で起こってるんだ」と実感し、これこそがリアルに求められている開発だと認識した。

　さて、ここまで話しても、不満をベースに開発するのに抵抗がある企業や人がいるのも事実。前述のように、日本は「不満」を毛嫌いする文化があり、不満を言う人を避ける傾向がある。社外取締役をやっている友人が「世の中の不満や社内の不備をまっ先に指摘する役割なのに、それを言うと煙たがられてしまう」と嘆くほどだから、社員が「不満」を言うなどご法度な空気なわけである。

　だが、不満は大切な未来の種なのだから言うほうがいい。そこでおすすめなのは**「不満を言ったら同時にアイデアを言う」**こと。セットにすると、意外なほど議論が前向きになりビジネスのファインディングス（気づき）も生まれやすくなる。さらにみんな「ここが問題だけどどうすればいい」という解決話が好きだから「あの人は面白い話をする」と言われるようにもなる。これは嬉しい副産物だ。

　実は中学生向けの「アイデア講座」で、「不満＋アイデア」で話すようにすすめたら、みんながとても笑顔になりクリエイティブになったこともある。まさに教育にも応用できる思考ツールなのだ。

「不満＋アイデア」のセットで話せば、ビジネスは加速し、「面白い人」と呼ばれる。

「実は、あれ嫌だったんだ」
ゲームであぶり出せ

隠れ不満は「はぐれメタル」。
なかなか見つからないが、すごいご褒美をもたらす

不満には、大きく分けて2つの種類がある。それは「みんながすでに気づいている不満」と「みんながまだ気づいてない不満」だ。前者は、最近夏が暑すぎるとか、ランチの値上げが困るとか、開かずの踏切イライラするよねというように、すでにみんなの共通の話題になっていて「あれ嫌だよね〜」と同意を得やすい不満だ。

一方、後者は不満の話を提示した時に「確かにそうだ」「言われればそうね」のような「気づき」のリアクションが返ってくるもの。その昔は、「フロントガラスに積もった雪をいちいちクルマから降りて取り除くのが面倒（実はこれがワイパーを生み出した不満）」だと思われていなかったように、日常の「あたりまえ」に埋もれて不満だと気づかないことは意外に多い。僕はそういう不満を「隠れ不満」と名付けているが、それこそが隠された財宝のように貴重な存在なのだ。

かくいう僕も、学生の頃は音楽が大好きでライブにも年100回は行くほどのライブ狂いだったが、当時チケットを取るために何百回も電話するしかなかったことを、「面倒だな」とは思っても、あたりまえすぎて不満と思ったことはなかった。

隠れ不満は、「そんなのあたりまえだから」という意識の下に潜んでいる。しかも身近なのになかなか出会えないし、捕まえられない。

まさにドラクエの「はぐれメタル」と出会うぐらいのレア度だ。ではどうやって「はぐれメタル級の不満」を見つけるか？

☞「実は、あれ嫌だったんだゲーム」であぶり出せ

先にも触れた孫泰蔵さんから、「兄は、実は便座が冷たいことが不満で改善するアイデアを考えたこともあった」と聞いたことがある。今ではあたりまえの「温かい便座」を孫正義さんが売り出していた可能性もあったわけだが、ここで出てきた **「実は」という言葉を意識することこそが、「隠れ不満」を見つける鍵** だ。

「実は～」と話し出すと、私たちは「あたりまえだから考えるな」という暗黙の思考バイアスを覆し、心の奥底にある不満にたどり着くことができる。それを実践するために開発したトレーニングが、**「実は、あれ嫌だったんだゲーム」** だ。

手順は以下の通り。

① 隠れ不満を洗い出すテーマを決める。
② 各個人で「実は、あれが嫌だった」を10分考える。
③ グループで話し合い「ベスト嫌だったんだ（隠れ不満）」を決める。

このゲームを企業やプロジェクトでやるとかなりの発見があるし、何より盛り上がる。ある大学のワークショップでやった時は、会場が割れんばかりに大ウケして、学生たちの隠れ不満が渦のように現れた。実はあの先生の講義の声が小さい、実は椅子が冷たくてミニスカートが穿けない、実は休講日がわかりづらい、……などなど。これを講座改革に使えばもっと良い講座になりますね、と真剣に教授が話していたのが面白かった。

またこのゲームを実際の改善アイデアにつなげたのが、2023年のフジロックフェスティバルだった。大自然の中で「不便を楽しむ」のもフジロックの良さだから、なかなか隠れ不満が見えなかったが、このゲームから、トイレが不潔、テント村が不便などの既知の不満に加え、フードエリアが並びすぎ、ステージへの導線が遠い、若者にはチケットが高すぎるなどの隠れ不満が出てきた。その解決策として打ち出したのが「FUJI ROCK PLUS」という新サービス。専用シャトルバスや専用飲食レーンと休憩所にアクセスできる権利を売り、売上の一部を若者のチケット代に還元した。

このように、「実は」という問いかけをするだけで、あたりまえの壁の裏にある本音をあぶり出し、隠れ不満を発掘できる。シンプルだが**ビジネスで会心の一撃を狙える最高のトレーニング**なのでぜひ試してほしい。

「実は」は本音をあぶり出す魔法の言葉。 ゲームでトレーニングして、会心の一撃を狙え！

行き詰まったら、
「嫌われてみる」発想で

売れるアイデアは考えにくいが、
「売れそうもないアイデア」は考えやすい

　　アイデアに行き詰まってしまった時、シンプルだが強い突破口になるのが「嫌われてみる発想」という思考ツールだ。

　人は得てして「相手に嫌われないように」気を配って生きている。ビジネスの相手ならなおさらだろう。僕は八方美人なタイプだから、地雷を踏まないように「何をするとその人に嫌われるのか？」を常に気にしてきた。だから自ずと、相手の立場で考え、相手から自分を見る視点を持つクセがつき、それが先にも触れた世阿弥の「離見の見」にもつながっていると思う。自分では「八方美人」であることが嫌で仕方ないが、少しは人生に役立っているのかもしれない。

　だが、「嫌われてみる発想」は、その逆。相手の立場で「されると嫌なこと」から考えてみるアプローチ法だ。例えば、新宿の駅ビルで新しいラーメン店をつくるとしよう。あなたならどこから考え始めるか？　流行りのラーメン屋をリサーチしたり、客層の分析を踏まえつつ新しいスープや麺の製法を考えるかもしれない。あるいは、インバウンド受けを狙った忍者の接客、トッピングもりもりの映えるメニュー……といったアイデアが出てくるかもしれない。でも決め手に欠けてなかなか決断できない、さあどうしよう。そんなことってビジネスの場面でよくあると思う。

そんな時には逆に、**ターゲットに嫌われるラーメン屋とは何か？
から考え直してみる**のがよい。新宿の駅ビルならファッション目当て
の女性が多い。その女性からすれば、不潔なんて論外。友達と入るの
でカウンター席だけの店はムリだし、写真映えしないのもＮＯ。量が
多すぎると残すからダメ、カロリーが高い不健康そうなのもダメ、金
額が高いのはダメ……。

そんなリアルな「嫌」「不」を洗い出し、そのＮＧの「逆」をアイデアにするわけだ。

　実はこの発想から実際に生まれたラーメン店がある。それが2016
年に新宿に誕生した一風堂の新業態「1/2PPUDO（ニブンノイップウ
ドウ）」だった。ターゲットである若い女性のＮＧを逆転し、麺もカ
ロリーも普段の一風堂の半分。明るくきれいな店内で、グラフィック
も多く使い写真映えもする。残念ながら価格は半分にできなかったが、
何もかもが一風堂のほぼ半分の店は、その店名も含めて話題となった。
　わざわざ「嫌われてみる発想」から逆算せずに、最初から消費者が
求めていることを考えればいいんじゃないの？　と思う人もいるかも
しれないが、行き詰まった時のアイデアの開発にはかなり重宝するの
で、少なくとも発想の選択肢として持っておくほうがいいと思う。

☞ 売れないアイデアは考えやすい

「嫌われてみる」発想は、アイデア開発以外でも使えるので、それも
ご紹介しよう。例えば、僕が若い頃、あるクライアント企業から若い
女性に愛される下着を考えてほしいと言われたことがあるが、「男の
僕がそんなのわかるはずない」と思いながらも、「逆に嫌われる下着

をいっぱい考えてきました！」と会議で投げてみたら、行き詰まり感のあった会議に笑顔が戻り、みんな「それはないわ〜」と言いながら、良い案が生まれたこともある。

　またある人は、会社から独立して起業する時に、これまで出会った「嫌われていた上司」を思い出してその人の行動や言動を洗い出し、「自分が社長になったらすべてその逆をやる」と決めて実践したことで、素晴らしいチームワークの組織を育て、上場を狙えるほどの会社へと成長させた。

　このように「嫌われてみる発想」は、円滑なコミュニケーションや行動指針の開発時にも効果を発揮する思考ツールなのだ。

売れるアイデアは考えにくいけれど、売れないアイデアは容易に考えられる。好かれる上司になる方法はわからないけど、悪い上司のことなら見本はいっぱいいる。

　つまり、**逆手にとって考えるルート**を持っておくことが強みとなるのだ。険しい山を裏から見たら、実はロープウェイがついてた、なんてこともビジネスシーンでは多いのだから。

「何をやったら嫌われるか？」から逆算して行き詰まったアイデアの壁を壊そう。

「3秒ハードルメモ」で
"爆速思考"

何から考えればいいかわからない時は、
「言葉で」ハードルをつくろう

ビジネスのアイデア出しの際、**最初の0→1で「何から考え始め
ればいいか」に悩む人は多い**。実際、僕の会社で会議をしてい
ても、若い人が「すいません。何から手をつけていいのかわからなく
て……」と迷子になっていることがある。正直に言えば、昔の僕もそ
うだった。新しい仕事に入るといつも、どこから考え始めればいいか
わからずにうろうろするだけ。まるでレースに参加したはいいが、ス
タート地点がわからずに周回遅れになる感じだった。

それでも、やることが最初から絞られている案件はまだわかりやす
い。「CMをつくる」とか決まっていれば、「どんなCMをつくるか？」
から考え始められる。しかし今のビジネスはもっと複雑で、例えば
「看護専門学校の生徒数が減って困っている」とか「世界的なスキー
リゾートにするにはどうすればいいか？」といった、これまでの広告
の枠を超えた仕事が舞い込んでくるし、AIなどの複雑な技術やサス
テナブルのようなテーマに関連したブランディングの依頼も来る。

そうなると、**考える範囲が広すぎて、スタート地点の手前で立ち尽
くしてしまう**。もちろんこれは広告業界に限った話ではない。すべて
の仕事は複雑化して、これまでにない成果への要求が生まれているか
らこそ、「何から考え始めるか」は誰もが悩むポイントだろう。

☞ それは「本当に、○○できるか?」

　でも実は、その問いには良い処方箋がある。それは、僕が常に実践している**「3秒ハードルメモ」**という思考ツールだ。

　自由よりも制約があるほうが、人はクリエイティビティを発揮できると言われるが、この方法はその制約となる「思考のハードル」をたった3秒で設定するもの。

　実際にやってみよう。例えば先程の「看護専門学校の生徒数が減って困っている」という悩みがあるとする。まずはその問題を「看護専門学校の生徒を増やしたい」という課題にする。でもそれだけでは有効な施策をどう考え始めればいいのかが正直わからない。そこで「思考のハードル化」——課題を**「それは本当に、○○できるか?」に書き換えるだけ**で一気に考えやすくなる。

　この場合なら「それは本当に、看護専門学校の生徒を増やせるか?」とするだけ。あとはなんでも思いつくアイデアを挙げ、「それは本当に?」で問い直すだけだ。例えば思いついたアイデアが、

・各地の高校に看護専門学校のパンフレットを配る

・高校生を対象とした学校説明会をする

・奨学金制度を充実させる……

　あたりだとしよう。ここで、**各地の高校にパンフレットを配って、「本当に看護専門学校の生徒は増えるのか?」と問い直す**。すると思考のスタート地点が生まれ考えやすくなり、例えば中身は何がよいかという新しい問いが生まれ、大学ではなく看護専門学校に進学するメリットを打ち出すとか、一生の仕事に就けるやりがいを伝えるなどのアイデアが生まれる。またそもそも「パンフレットでは興味が持たれない」という本質的な課題も見えてくるので、違うメディアを探ったり、より興味を持ってもらうために『透明なゆりかご』のように高校

生を主人公にした医療マンガとコラボしようといった、より精度の高いアイデアへと向かえるようになるわけだ。

このように思考のハードルがあるとアイデアを考え始めやすく、しかも良いアイデアを絞り込みやすいので、より洗練されたアイデアを出しやすくなる。しかもこのハードル設定には3秒もかからない。問題を課題にして、爆速で始められる思考ツールだ。

実際に一風堂で「大きな話題になる創業祭の集客企画」を考えた時も、「それは本当に、大きな話題になる創業祭の集客企画か？」とハードルを課すだけで、チーム全員の企画の精度が高まり、結果的に「創業日の10/16にちなんで10/16の価格で提供」や「創業者が10杯だけつくる」などの具体案が生まれ、爆発的に成功した。

また、この **「3秒ハードル」を企画書のタイトルにしたり、プロジェクトの合言葉にするだけでもアイデアの精度が上がる**ので、ぜひ試してほしい。以前、僕の会社で「東京女子プロジェクト」というサイトを運営していた時も「それは本当に女の子を幸せにするアイデアか？」を合言葉にして日々の企画をしていたが、そうすることで、仕事に大義が生まれてやる気も出たし、何より打ち合わせ時にみんなが「これは本当に女の子を幸せにするアイデアですよ！」と、ハードルを超えた提案を出すようになり、企画の面白さが飛躍的に上がった。

3秒ハードルメモは、爆速思考をすすめ、チームの結束を高め、共感を生む……まるで魔法のような思考ツールなのだ。

「思考のハードル化」で判断基準が生まれると、一気にアイデアを生み出しやすくなる。

アイデアが出ない？
じゃあ会議の名前を変えよう

言葉のパワーを借りて
場を活性化する

人は、言葉に弱い生き物だ。**感動する言葉に涙し、座右の銘に突き動かされ、そして肩書や定義ワードに影響を受ける**。名刺にすごい会社名があると、すごい人だなと思ってしまうし、小さな会社でも社長とか執行役員とか書いてあると偉い人だなと思ってしまう。あるいは「餃子の街」とか「鋳物の街」とか、言葉で街を定義されると、なぜかその定義に惹かれて観光したり、誇りに思ったりする。香川県なんて「うどん県」という定義でどれほどの観光客を呼び、全国的なブランドとして大きな売上を上げてきたことか。

そんな言葉のパワーはもちろんアイデアやブランドをつくる上で有効活用できるし、**言葉による定義の力を使ってアイデアを生み出す場を活性化することもできる**。

一例を挙げると「会議のネーミング」がそうだ。2010年ごろイオンのアパレル・プロモーションを担当していた僕に、経営陣の一人から「定例会議で若手や女性社員が活発に意見を出さない」という悩みの相談があった。会議に出席してみると、確かに若手や女性はあまり積極的にアイデアを口にせず、おじさんたちが会議を引っ張っていたが、その時にとても気になったことがあった。

それはおそらく誰も気にしたことがなかった「会議名」だった。そ

こで僕はある提案をする。**定例会議の名称を「春季アパレル企画上申会議」から「いま欲しい服をみんなでつくる会議」にしましょう**、というものだった。

　やったことといえばそれだけ。でも効果は絶大だった。まず会議名変更という体験があまりないからこそ、なぜわざわざ変更するの？という疑問が生まれ、同時に何か変わるという期待感も生まれた。

さらに「いま欲しい服」「みんなでつくる」などの名称が、若手や女性の意見が必要だというメッセージとなり、彼らのモチベーションを上げた。

　この会議はその後も長く続き、たくさんの新規商品を生み出したし、さらに「いま欲しい服が、ある。」というイオンのキャンペーンとなって大きな売上を上げた。正直いって、名称の変更なんてタダだ。でもそれだけでアイデアを生み出すベースを活性化することができるのだから、やらない手はない。

　言葉は強い。その強さをうまく使えば、営業やバックオフィスのやる気を引き上げたり、止まっていたビジネスを加速することもできる。お金をかけずとも、言葉ひとつでエンパワーメントできることが社内にいろいろとあるはずだ。

仕事が滞っていたら、
会議名や部署名を変えると意外に効果的。

正解はない、正問はある──「そもそも思考」で課題化せよ!

最初から「答えを見つけよう」とすると、たどり着けない答えがある

ビジネスでも社会のさまざまな場面でも、問題は多岐にわたって複雑化している。考えても迷子になりやすいこの時代にぜひ知っておいたほうがいいポイント、それは「問題と課題は違う」ということだ。2つはよく似ているけれど、決して同じではない。

問題は困るもので、課題は超えるもの。

と僕は定義している。つまり、「困ったなあ」とか「ひどくね?」と思うものが「問題」で、「それ変えなきゃ!」と思うものが「課題」。例えば「観光客の増加でゴミが散乱して困る」のは問題。「観光客の増加で散乱したゴミをなくすにはどうするか?」は課題。え? 変わらないじゃん! と思った人もいるだろうが、かなり違うのだ。
「問題」はそのままだと「汚しやがって」のような怒りや「ホント迷惑だな」といったマイナスの感情しか生まない。それに対し「課題」にすると「どうすればいい?」「俺はこういうアイデアがある」という前向きな提案に変わる。同じ現象に対する言葉の違いだけなのに、行動には大きな変化が生まれるわけだ。

問題を課題にしようと思うだけでも、いろんなことが解決できる。一度、身の回りにある「問題」を列挙して、「課題」に変える練習をしてみてほしい。ただし、課題が本質的かどうかでアウトプットは大きく変わるので、課題の設定の精度を上げていく必要がある。

そこで活躍するのが「そもそも思考」。**そもそもなぜ？　を何度か繰り返すことで本質的な課題を浮き彫りにする思考ツール**だ。トヨタの有名な「なぜなぜ分析」の分解型思考法と同じだが、「そもそも」というワードを入れることで、見過ごしがちな「前提の誤り」から疑って思考できるように改良している。

👉 実践問題

早速「公園に猫が増えて困っている」という問題を例に考えてみよう。まず、ライフスタイルが多様化した今の時代に「単純な正解」はないし、どういう課題を設定すればいいかも意外に難しいものだと理解してほしい。公園の近隣の人は「猫の鳴き声を静かにする方法はないか？」と思うし、子どものお母さんであれば「公園の糞尿などが不衛生だからなんとかしてほしい」し、猫好きなら「駆除されないために保護しなきゃ」だろう。

そこで「そもそも思考」を使って前提から整理してみる。「①そもそもなぜ、増え過ぎた公園の猫をなんとかしなきゃいけないのか？」→「猫がうるさいから」「猫のおしっこが汚くて困るから」「猫が嫌いだから」。これだけでも課題は鮮明になるが、その分岐ごとにさらに突き詰めていく。

仮に2つ目の課題を選ぶなら「②そもそもなぜ猫の糞尿が汚くて困るのか？」→「子ど

もが手で触る可能性があるから」→「③そもそもなぜ手で触るところに糞尿があるのか？」→「猫が砂場などにおしっこするから」→「④そもそもなぜ砂場に猫がおしっこするのか？」→「猫は砂場に入れるし、砂は猫がおしっこしたくなるモノだから」→そこから「⑤そもそもなぜ砂場に猫が入れるのか？」もしくは「⑤そもそもなぜ砂場に猫がおしっこしたくなる砂があるのか？」のように問いが生まれる。

　このように「そもそもなぜ」で数回考えると、課題の解像度が上がり、最初は見えなかった本質的な課題が見えてくる。上記の⑤をベースにアイデアを出すと、元の「公園に猫が増えて困っている」から考え始めるのとでは、ゴール地点がまるで違うのがわかるだろう。良い解決のアイデアを出したいなら、最初の段階で**適切な課題設定＝正問**にたどり着くことが大切。正解はなくとも、正問はあるわけだ。

　ところで、上記の「そもそも思考」の最初で課題を2つ目のものに絞ったが、その最初の課題設定をクリアにする方法もある。それが**「実は○○リサーチ」という調査方法**。「実は……」には人に「ホンネ」を話させる力があると先にも触れたが、その力を利用して本質的課題を調査する手法だ。「公園に野良猫が増えている」という問題であれば、「実はこれで困っている、ということがあれば教えてください」といった調査を公園利用者や近隣住民に実施する。そこで出てきた具体的な本音をもとに追求する課題を選ぶことで、問いの精度を上げるわけだ。「そもそも思考」と組み合わせて活用してほしい。

「そもそもなぜ?」で問題を課題化しよう。
正問にたどり着けるとゴール地点が変わる。

商品を売るのに困ったら、「行動」を売れ

いかに"商品の周り"に
大きなムーブメントを生むか?

皆さんは、担当している商品が売れなくて困ったことはないだろうか? もっと売れるポテンシャルはあるのになぜか競合に負けているなんてこともあるだろう。あるいは、新しいサービスの反響がイマイチ、つくった施設に人が集まらない、担当したSNSのPR発信がさっぱり話題にならない等々、ものを売る上で「うまくいかないな」という苦い経験は誰しもあると思う。

　そんな時、僕が頭に浮かべる言葉がある。それは、「じゃあ『行動』をつくろう」である。あたりまえだが、世の中に知られていない商品に興味を持たせるのは至難の業。だから大きなお金をかけて広告を出したり、タレントを使って興味をひくなどさまざまな施策をうっては苦労するわけだ。ただそもそも商品に圧倒的な差別点があり、ユーザーがメリットを感じれば、欲しい! という購買意欲は喚起されるし、商品情報も勝手に広がるだろう。でもそれがなかなか起きないということは、つまり企業がどれほどすごい商品だと謳っても、本当に決定的な「メリット」があるケースは稀だということだ。しかし、

その商品に決定的な差別化ポイントがなくても、うまく「行動」を生み出すことができれ

ば、"売れる現象"をつくることができる。

　その昔、「金曜日はワインを買う日。」という名キャンペーンがあった。サントリーがワインを売るためにつくった広告だが、あえてワインの良さをアピールせず、**ワインを買って帰ることの幸せを謳うことで爆発的な流行を生んだ**画期的なアイデアだった。

　今でこそワインを家庭で飲むことは普通だが、このキャンペーン以前は、誰もワインを買って帰って家で飲もうなんて思っていなかった。つまり、このキャンペーンは**「ワインを家庭で飲む行動」ごとつくり出した**わけだ。週休二日制が浸透しつつあり、金曜が「花金」化していく時代。新しいライフスタイルを探していたメディアや先進層（今でいうインフルエンサー）によって、この「行動」がイケてるライフスタイルとして広められた結果、一般的な「習慣」となって定着した。この習慣を先んじて提案したサントリーは家庭ワインブームで大きくリードし、大きな利益を生み出した。

☞ 商品の周りに大きなムーブメントを生む

　もう一つ「こくまろカレー」の事例を紹介しよう。食卓のロングセラーブランドとしてご存知の方も多いだろうが、発売は1996年、一部の料理好き主婦がやっていた「2種類のルウを混ぜ合わせる」というコンセプトで売り出されたものだ。最初から販売は好調だったが、このカレーをさらに大きく売るきっかけとなったアイデアがある。

子どもと一緒に「母の日にカレーをつくろう」という行動開発だ。

今も、母の日にスーパーなどで見かける、この「行動喚起ワード」は、実はその時に始まったもの。売れている商品だからこそ、よりギアを上げて、いっそ「国民的カレーになる！」というビジョンを掲げて取り組んだ結果のアイデアだった。

正直、メッセージを発信した当初「子どもに包丁を持たせて怪我したらどうする」という批判は大きく、やめてしまおうか？　という悩みもあったが、お母さんを思う愛情をカレーをつくる行動に結びつけるのは正しいと信じ、粘り強く続けたことで、批判よりも肯定派が増加。結果、現在も続く、母の日の国民的行事となった。

こういう話をすると「それはカレー全体を売る行為で、こくまろカレーを売るには効率が悪い」とか「業界No.1のやることですね」とか言われることが多いが、**それはブランドの枠を超えて、ムーブメントが生まれることの価値がわかっていない人の発言**だ。

商品への落とし込みはもちろん大切だが、社会現象として商品の周りに大きなムーブメントが生まれた時の売上の大きさは計り知れない。さらに言えば、今のように消費のスピードが速く、商品の微差くらいでは誰の心も動かない時代には、単発の商品の特性が伝わるより、カレーならカレーという、**そのジャンルを愛してくれるコミュニティが生まれるほうが、売れる数も期間もアップし、何倍もの価値につながっていく**のである。

商品や企業への「共感と参加」が大切な時代、行動や習慣を生むアイデアがビジネスの核となる。

「やりたい」「やれる」「やろう」
行動を生む言葉を！

合言葉は、
「コンセントを3本抜きましょう」

2018年9月6日（木曜日）、そのブラックアウトは起こった。最大震度7を記録した北海道胆振東部地震。その17分後に発生した北海道全土を巻き込む大停電は11時間続き、その後復旧したものの、月曜日になって工場が稼働すると再び大停電に陥ることがわかったため、北海道全土で早急に「節電」をする必要があった。

そこで資源エネルギー庁や経済産業省の人々、さらには民間のクリエイターが集められ「節電PR」のためのタスクフォースが立ち上がる。そこに僕も参加し、**数時間で確実なPR案をつくるという課題**に対して動き始めた。映画さながらの緊迫した空気のもと、次々と新しい情報が集まり、対策が練られていく。中でもPRの核になる「メッセージ」の開発に焦点があたっていた。

ミッションは、需要が増加する平日8時30分から20時30分までの間（節電タイム）に約2割の節電を行うこと。それをシンプルに伝えるなら「今後の停電を避けるために、2割の節電をお願いします。」だろう。でもそれでは間違いなく、行動は生まれない。**なぜなら2割の意味することが人それぞれ違うし、なによりメッセージが普通すぎて頭に残らず、かつ「何をしていいかわからないから」**だ。大切なのは、洗濯乾燥機、炊飯器、電気ポットの3つを節電タイムに使わない

ことだが、それでは説明的すぎて広まらない。

やはり子どもたちでも「やりたい」「やれる」「やろう」と思うぐらい簡単で、ゲーム的で、具体的な行動提案でなければいけない。

そこで僕たちのチームが行き着いたのが「**3本のコンセントを抜きましょう**」というメッセージだ。それならば違和感もあるし行動もしやすい。子どもたちも率先してやってくれそうだ。また、そもそもコンセントを抜いておけば、使う時だけコンセントを入れることになるから節電の行動提案としても理にかなっている。

さらにもう一つ、「**1つの部屋に集まって、テレビは省エネモードに**」というメッセージも開発。これはもちろんテレビや照明の使用量を減らす目的があるが、家族で集まって心の平穏を保ち、情報を行き渡らせるという狙いもあった。このメッセージをポスターだけでなく、SNSやいろんなメディアで発信していった。

10日（月曜日）を迎えた時には本当にドキドキしたが、ひとまず停電の危機は回避できた。もちろん工場の皆さんや市民の行動が節電への大きな力になったのだと思うが、メッセージやポスターがほんの少しでも役に立ったのならプロとして誇りを持てる仕事をしたと思う。

☞ ロンドンで健康と街の発展を達成したアイデアとは?

「Legible London」というロンドンの事例が素晴らしいので紹介しよう。それはグラフィックデザイナーの色部義昭さんから聞いたロンドンの乗り換え地図のデザインで、**駅を起点とした地図に「5 minute walk」の円弧を描いたことで、「5分なら歩こうかな?」という行動を誘発**。市民の健康も促進し、近隣のお店の発展を促したと言われているアイデアだ。たった一つの円で「やりたい」「やれる」「やろう」を生み出した奇跡的な事例だと思う。

ある美術館から相談を受けた際も「行動提案」をしたことがある。依頼は、展示室内の椅子に座り大声で話す人が多いため、サイドテーブルの小さな置物に言葉を書いて注意を促したいというもの。かなり難易度の高い課題だった。ストレートに書くなら「大声での会話はお控えください」や「会話禁止」だが、僕が提案したのは**「お話は、耳元で。」という行動提案型のコピー**。耳慣れない言葉だから気になるし、耳元で話せば自然と大声は出せない。しかも親密になれそうだからちょっとやってみたくなる。我ながら良い提案だったと思う。

行動化のポイントは「禁止」「命令」「説明」ではなく、「やってみたい!」を考えること。そのためには、ゲームのように楽しく、子どもたちでも行動できるくらい簡単にすべし、である。

難しい課題の時ほど、
ゲームのように楽しい行動化が大切。

「人生思考」メソッドで
アイデアを生む

商品と人生の間に、
笑顔のある風景を見つけよう

　　一体どうやったらこんな発想ができるのか？　と驚くような商品
が世の中にはある。僕はいくつかの審査会で審査員を務めてい
るが、中でも近年、僕が最も推したアイデアは、小学館から発売され
た**『きみの名前をひける国語辞典』**だ。これは定評ある『小学館 は
じめての国語辞典』に、なんと「購入者の子どもの名前と誕生日、紹
介文を収録語として加えた」特別版をつくれるサービスだ。

　子どもたちがはじめて辞書でひく言葉が「自分の名前」であること
が多いことからこの辞書は発案されたと聞いた。例えば「たろう」く
んであれば「【太郎】四月二日生まれ。ドングリとだんご虫がポケッ
トによく入っている自然好き男子。好物は大きなおにぎり」と辞書に
書いてあるわけだ。僕は、これを見た太郎君の驚きと目の輝きを考え
てワクワクしつつ、アイデアを考える時にもっと深く相手の幸せを考
えるべきだと猛省した。

　紙の辞書はオワコンと言われて久しい。スマホを見れば辞書アプリ
があり、読み方がわからない難しい漢字は写真を撮れば Google が教
えてくれる。そんな時代にこの辞書は、デジタルには勝てないという
「あたりまえ」を払拭し、ワクワクをつくり上げている。注文の一つ
ひとつに対応してオリジナルの一冊を印刷・製本するのは大変だった

だろうと思いながら、自分は手間暇を先に考えてアイデアを諦めていないかと自問させられるほどにインパクトがあった。

☞「あたりまえ」を超えてゆく「人生思考」

このように、誰もが囚われている常識を覆すアイデアを生むには、誰が、どこで、どういう状況で使うのかを想像し、そこで生まれる幸せや笑顔をリアルに思い描ける力が必要だ。僕はそれを生む方法を「人生思考」と名付けている。これはシンプルな思考ツールで、**アイデアを考える対象の商品やサービスの横に「人生」と書いてみて、その間をずっと見ながら想像するだけ**だ。

僕はこのメソッドを30年近くも実際に続けているし、ほとんどのアイデアをこれで生み出してきた。普段は頭の中でやっているが、頭の中を図解した「人生思考図」を使っても取り組みやすい。

まず初めに、図の左に商品、右に人生と書く。そして左から①商品（サービス）の技術やUSP（独自価値）＝これが売り！　を列挙。次に②商品にまつわる開発背景や苦労話などを「商品ストーリー」として簡潔に書く。

次に図の右側に移り、③その商品ジャンルに関する「不」、できれば「隠れ不満（実は○○が不満）」を見つけて書く。さらに④では、その不満を解決するために「確かに○○があるといいかも！」と思えることを「隠れニーズ」として書く。間違ってもいいから多めにニーズを書くとアイデアの幅も広がる。その後、真中を見つめ⑤本質課題を決める。本質と名付けているのは、いわゆる与件やうわべの課題ではなく、**これが解決されたらすべてが解決できる最終的な問い（根源的な課題）であり解決の糸口**だからだ。実はこの⑤まで考えている段階で、アイデアはほぼ生まれていると言える。あとはどう実現するかの

| 図5　人生思考図

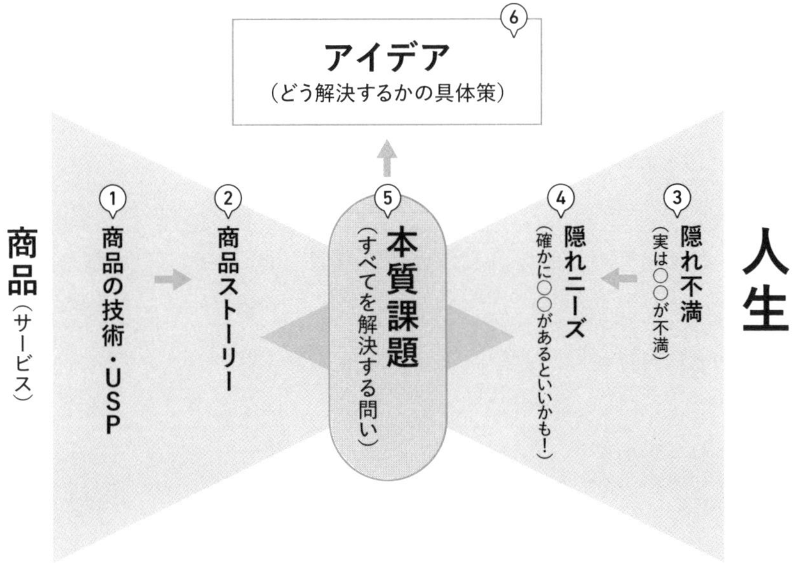

図5　人生思考図

具体策を考えるだけだ。

　事例をふまえて解説していこう。例えば、2004年にインテリジェントキーを搭載したセレナのCMを担当した時の場合。まず左①に両側スライドドア／インテリジェントキー等の技術を列挙。②開発者の思い（鍵を出さずにロックが解除できるようにした）などを書く。次にターゲットである子育て家族の人生に目を向け、③に不満を書く。この時は「実は子どもを抱いてドアを開けるのが困難」という隠れ不満が見えてきた。さらに④で「確かに子どもが寝ているときは便利」という隠れニーズを発見。そして最終的な⑤本質課題として「子どもが寝ている時に鍵を出さずにドアが開く便利さに、どう共感を生むか？」という問いにたどり着いた。結果として生まれたアイデア（コピー）が、「寝る子は育つ。でも、寝る子は重い。鍵を出さなくてもロックを解除できる新しいセレナ。」だ。寝ている子どもを抱いているとい

うシーンを描くことで、子育て世代の強い共感を得た。これも人生と商品の間を考えた結果だと思う。

　もう一つ、2010年に担当した食品スーパーの事例を紹介しよう。当時はまだ、家で高級ワインを飲むなんてお金持ちの道楽だったが、その時代に「高級ワインを食品売場で売りたい」という難しい仕事だった。

　そこで人生思考。まず左に①商品の特性「飲みやすく」「華やかな味の赤ワイン」、②にチリの特級ワイナリーで醸造、希少品種を使用などの開発背景を書く。右に移り、③に「実は飲むシチュエーションがない」「実は何を選べばいいかわからない」などの隠れ不満を書き出し、④「お金が高くてもお母さんとなら飲みたい」という隠れニーズを導き出した。この検証から、高級ワインと人生の間に「母と娘で高級ワインを飲む提案をする」という本質課題を見つけた。そうして生まれたのが「たまにはお母さんを誘って、ちょっといいワイン」というキャンペーン。あえて「誘う」ことで、特別感を醸し出した結果、若い女性客や親子の売上が大きく伸びた。

　アイデアは、究極的には誰かの笑顔を生むためのものだから、徹底的に人生を想像するのが最短ルートだと僕は思う。ここでは図を使って解説してきたが、本当に「人生と書いて見ているだけ」でも、上記のような思考法が発動し、考えやすくなる。何度も試しているうちに、人生からアイデアを生み出せるようになるだろう。

**商品と人生との間に、笑顔のある風景を生む問いが、
解決すべき「本質課題」だ。**

「無料」を疑え！

「特別」なものには
お金を払う時代になった

行き詰まった事業課題を、アイデアの力で突破した事例を紹介したい。ある食品会社の社長さんから、最近、とても良いオリーブオイルを輸入しているが事業の展望が見えなくて困っていると、相談を受けた。問題点を整理すると以下だ。

①輸入しているオリーブオイルAは知る人ぞ知る素晴らしいブランドだが、すでに得意先に卸しているので自社では売れない。
②売れるポテンシャルはありそうだから新ブランドにして売りたいが、新規参入だし、市場規模も小さいので費用はかけられない。
③そこでAを知り合いの一流店に使ってもらいそこから広げたいと思ったが、お店の反応は「使いづらい」。オリーブオイルは無料でサービスするものだが、Aの仕入れ値が他のオリーブオイルよりも高く、継続的に出すのはとうてい無理という反応だった。
うーん行き詰まった（←今ここ）。

僕は少し考え、**その一流店のお客さんが思うことと、オリーブオイルAの間にある思い**を「人生思考」で考えた。その上でこれまで誰もやったことがない施策として提案したのは、**「じゃあワインのように**

お金とりましょう」だった。

　バゲットにつけたり、調理に使うオリーブオイルは料理の一部だと思われているので無料で提供されるのが普通だ。だったら、その常識を覆してしまえばいい。そもそもワインは料理とは別でお金を払う。**「特別」なものに追加でお金を払うのは、今の時代には普通のことだ。**

　もし僕が一流店の客で、ソムリエから「これは素晴らしいオリーブオイルなのでおすすめです。ただ貴重で高価なので追加費用が発生します。普通のオリーブオイルにされますか？　それとも特別なオリーブオイルにされますか？」と聞かれたら、きっと「特別なほうでお願いします」と言いたくなる。さらにその特別なオリーブオイルのボトルを見せてもらい、写真を撮ってSNSでシェアするだろう。

　この施策アイデアは、即座に「面白い！」と社長の共感を得た。**「いいものにはお金を払う」時代だ。だからこそ「無料であたりまえ」と思われている領域に目を向け、お金を払いたくなるようにすればいい。**使う人の人生に目を向けて、その人たちが「やりたいこと」を考えれば、しっかりと儲けを出せるようにできるはずだ。もちろん無料のものが有料になった時のギャップが生まれるが、その特別さに意味を持たせられれば、逆に「有料になった」からこそ話題となり、SNSでシェアされるレベルまで引き上げられると思う。

思い込みは、新しいアイデアを阻害する。常識的には「無料」の領域でも、逆に新しい価値でマネタイズすれば話題になる。

ごはんより、
ふりかけごはん

「コモディティ化」したら、
カテゴリー価値に戻れ

さ まざまな企業と仕事をしていると、かつて一世を風靡した人気商品や信頼のあるブランドも、そのジャンルが**すでに普及しすぎていて価値の差が生みづらい**、という現象によく出会う。いわゆる「コモディティ化」の問題だ。高付加価値を持っていた商品の価値が下がり一般化してしまう——いわゆる頭打ちの状態。そうなると普通は、なんとか違う価値を再定義しようとか、使用状況を限定して（週末には最高等）価値を打ち出そうと試みることが多い。

　ただそうやってもどうにもならないジャンルや商品はある。そんな時に有効なのが「ごはんより、ふりかけごはん」という思考ツール。すなわち、**カテゴリーの本質的な優位性（提供価値）に立ち戻り、それを真正面から言い放つ方法**。「行動を生む」の時にも述べたが、カテゴリーそのものへの関心を向上できれば、売上を伸ばすことも可能というわけだ。

　このフレーズは、僕がまだ広告代理店にいた頃、CMプランナーの後等留美子さんが、永谷園のCMのキャッチコピーとして書いたもの。最終的にはプレゼンで選ばれなかったが、人生で一番「影響された」コピーは何かと言われたら、僕は間違いなくこの一本を選ぶ。大ロングセラーである「ふりかけ」の本質的なカテゴリー価値を、奇をてら

うことなくそのまま全肯定したこの秀逸なコピーには、コモディティ化時代に立ち向かう知恵が凝縮されているからだ。

　キリンの「一番搾り」が「ビールって、うまいね。」というコピーを打ち出した時もそうだ。「そ、そのままやん！」とツッコミを入れたくなるほどストレートだが、十分に機能した。ビールがコモディティ化していたからこそ、そのシンプルで本質的な言葉が刺さったわけだ。

　ここまで本書を読んできた皆さんは「違和感がなくてもいいの？」と疑問に思うかもしれないが、情報が多いジャンルの場合は、究極にシンプルで何もないことこそが違和感となって刺さる場合もあるのだ。

　日産セレナの「モノより思い出。」もコモディティ化していたミニバンのカテゴリーに一石を投じたコピーだった。どのミニバンにも「両側スライドドア」がつき、「大人数が乗れるシート」も普通の装備となった時代に、微差の戦いを仕掛けてもまったく魅力的に見えない。そんな時は、**カテゴリーの本質的な提供価値に戻る。つまりミニバンとはそもそも何なのか？　を追求した**わけだ。その結論として「家族と思い出をつくるクルマ」という本質的な定義に至り、「モノより思い出。」は生まれた。

　よく同質化と差別化こそが売れる要因と言われる。つまり「同じような機能だけど、これはさらにここが優れている」と言われたら欲しくなるという理屈だ。でもその差別化ができない時は、**同質化と本質化を同時に訴求するべき**。より本質的な提案をして共感が得られれば、これ以上強いブランディングはない。

コモディティ化した市場なら、
同質化と差別化ではなく同質化と本質化を狙え！

世の中を巻き込みたいなら、「争点化」大作戦

「争点」が生まれると
モノが売れる

「**共**通点を見つけると仲良くなり、争点を見つけると盛り上がる」——それは僕が人生の指針にしている考え方の一つだ。「共通点」が見つかると恋愛や友情が始まったりするし、Black Lives Matterや# MeTooなどの「争点」が生まれると社会の中で多くの人を巻き込んだ関心事へと発展する。例えば小泉純一郎元首相が在任時に放った「郵政民営化」が日本の構造改革の象徴として争点化し、国民を巻き込んだお祭りとなったように、争点をうまく設定すれば、普段無関心な政治的トピックスにすら熱狂を生み出すことができる。

当然、ビジネスシーンでも争点が生まれると市場が活性化され、モノもサービスも売れまくる。例えば伊右衛門が生まれた後に、次々に同じようなお茶が発売されることで始まった「お茶戦争」では、お茶カテゴリーそのものが争点化してお茶のペットボトルが空前の売れ行きを記録した。ビールもコモディティと呼ばれて久しいカテゴリーだが、「アサヒスーパードライ」の発売を機に各社から「ドライビール」が売り出されることで争点化し、活況になったこともある。

各企業は競って「争点」を探すようになり、過去には**「プチご褒美」や「おひとりさま」なども争点化**されてスイーツや家電が売れに売れたことは、皆さんの記憶に新しいだろう。

争点化のポイントは「新技術による不満解消」と「複数プレイヤーの参加」の2つだ。

　ビールの「ドライ」、家電の「1/fゆらぎ」、映像の「生成AI」……そのどれもが閉塞感のあるカテゴリーに新しい解決方法を提示したテクノロジーだったように、コモディティから抜け出てくる新技術は争点になりやすい。ただし注意すべきは、新技術ならなんでも争点化するわけではなく、不満の解消と結びついたストーリーがある時にだけ争点化するということだ。

　例えば、音楽の「ボカロ」ブーム。「初音ミク」の独特の歌声は良い違和感と強い興味を惹いたが、何よりも「誰でも歌をつくれて歌える」という新技術が、音楽をつくりたくてもつくれなかった人たちの不満を解消したことで争点化し、誰もがクリエイターになれる可能性を広めた。これが閉塞感のあった音楽業界に風穴をあけたわけだ。

☞「VS構造」は興味を喚起し、話のネタになる

　もう一つのポイントは「複数プレイヤーの参加」。これには市場が活性化し、参入する企業が増えることが必要だが、実は、数が増えなくても**争点化を促せる思考ツールがある。それが、「VS構造」だ。**

　僕はよく「争点化」のアイデアを探るために週刊誌の見出しをチェックしているが、実は「VS構造」が生まれたのも見出しの中にあった「小泉VS抵抗勢力」という言葉がヒントだった。先ほども挙げた、小泉純一郎元首相の「郵政民営化」は実はそれだけではピンとこない人が多かったが、抵抗勢力との「VS構造」になった途端に、俄然興味を惹かれ、激論を交わす人たちが増えた。つまりVS構造そのもの

が争点化するひとつのカタチというわけだ。

例えば、掃除機の吸引力のような機能も、独自の優位性を単独で訴求するのはよくあることだが、「ダイソンVS日本の掃除機」となればその結果を知りたくなるだろう。また、3つ以上のVSをつくるのもいい。「日本三大コンビニおにぎり対決」という企画なら、セブン、ローソン、ファミマそれぞれのおにぎりの特徴が気になるし、「ドラム式洗濯機頂上対決」と言われると一番いいものを選びたいという関心が高まる。いずれも強い興味や活発な議論を生む「争点」となるからだ。

ちなみに、広告代理店の博報堂が生み出した最も秀逸なキャッチコピーは「電博」という言葉だという笑い話があるが、それは実は規模が倍以上違う「電通と博報堂」をまるで二強のように見せることで、リクルーティングや営業が明らかに博報堂に有利になったからだ。「二強」「日本三大○○」「ガチンコ対決」のように「VS構造」でアピールされると「それは知りたい」という興味が湧くし、**そのVSに対して「私は○○派」「僕の意見はむしろ～」といった議論が生まれる**。まさに日常会話の中で、争点化するわけだ。

一度、皆さんも仕事に関連する商品やサービスからコモディティを打破できる新技術を見つけ、「VS構造」で表現できないか検討してみるといい。もし争点が発見できればプロジェクトや会議の議論がより活発になるし、世の中を巻き込んだムーブメントすらつくることができると思う。

会議もプロジェクトも市場も世界も、「争点」が見つかれば、大いに盛り上がる。

命に近いアイデアは
ずっと売れ続ける

人、モノ、金を集めるより、
光、風、緑を集めよう。

人の心を動かし、モノを売るなら、やっぱり流行をつかむのが大事ですよね？　とよく訊かれる。NFTしかり、2.5次元のイベントしかり、確かにトレンドに乗れば人々の購買意欲を刺激しやすいし、新商品の発売には効果がある。他人にアピールできることが消費の衝動とセットになっている現代では、その傾向は顕著だろう。

しかし、流行りをおさえるよりも、**長年ファンのコミュニティに愛され、伝統的に生き残っているブランドの秘密を探る**ほうが、実は「売れる」商品がつくれると僕は思う。

なぜなら、これからの購買行動は、コミュニティをベースにした**「ニッチ＆ロングテール」**になっていくからである。

☞ 不毛な流行レースを終わりにしよう

とはいえ、ビジネスの現場では未だにトレンドを調査し、他社の開発に先んじて売り出そうと躍起だ。時代はもうサステナブルなほうへ動いているのに、実際は未だに超短距離の消費レースが続いている。それは往々にして**コミュニティ不在、無観客の短距離走だ**。それでは企業の開発者もボロボロになるし、買う側の人たちだってついていく

のが苦しい。

　以前、僕がある飲料の開発を行っていた時のこと。1年半以上にわたって調査を重ね、コンセプトを練り、工場を新しく建てることから開発を開始し、今こそこれを出すべきというタイミングで商品を世に出した。が、コンビニの棚に並んだ2日後に「終売」と告げられた。不毛な短距離走が心底いやになった瞬間だった。

　そして思った。大切なのは、商品を長年愛し続けてくれるファンコミュニティを獲得することだ。**ファンこそが愛する思いを広げ、つなぎ、世代を超えてロングテールで次の世代へ引き継いでくれる。**

☞ 付加価値から人間価値へ

「コミュニティに愛される商品づくりといっても、そもそも興味の細分化に合わせてコミュニティも小さくなるのだから、あまり売れないのでは？」

　その疑問は正しい。きっと世界は今より細分化されていくだろう。でも一つだけ、多くの人に受け入れられ、しかも長く愛されるポイントがある。それは技術の微差による「付加価値」ではなくもっと本質的なもの──すなわち「人間価値」だ。より「本能に近く」「自然に近く」「家族に近く」「地域に近く」「地球に近く」人が気持ちよく生きるためのニーズを満たすような、「命に近い」モノづくりをすれば、世界中を永遠にファンにすることも可能だと思う。

　2020年4月、コロナ禍の真っ只中に東京・立川にオープンした「GREEN SPRINGS（グリーンスプリングス）」は、そんな思いが結実した施設だ。街で掲げたコンセプトは「ウェルビーイングタウン」。今でこそよく聞く「ウェルビーイング」も当時の開発段階ではどこの街や企業も掲げていないマイナーな言葉だったが、僕たちはそれを軸

に、いわゆる都市開発とは一線を画した、命に近いアイデアを一つひとつ具現化していった。

　土地の容積率を使い切らない開発は、都心にはない「広い空や気持ちのいい日差し」をこの街にもたらし、街の真ん中につくった公園と水場は緑と光で満たされ、コロナ禍で居場所を失っていた家族の笑顔があふれた。まさに、

「人、モノ、金を集める開発から、光、風、緑を集める開発へ」の大きな進路変更だった。

　結果、多くの人の共感を集め、立川の価値すらも高めた街と言われるようになった。人間は結局、生き物として気持ちのいいことしかできない。そして気持ちがいいことはずっと続けたくなる。これまではそういうシンプルな「人間価値」が無視されてきたが、これからのビジネスは、短期の消費を煽るのではなく、「長く愛される」ことを目指して、愛してくれるコミュニティとともに成長していくのだ。効率より愛着が、人工より自然が、優位な時代になっていくだろう。

**付加価値よりも人間価値——
命に近くて気持ちのいいアイデアほど、
世界中で時代に関係なく愛される。**

アイデアの究極奥義は
矢印クリエイティブ「X→Z」

今の「そうだそうだ!」が決まると、
未来の「なるほど!」が生み出せる

コピーってなんですか?　2000年ぐらいから始めた広告学校で、よく問われたことだ。漠然とした質問だが、僕はある答えを提示している。

コピーとは、「→」である。なんだそれ?　と思うだろうから解説したい。まず**コピーとは、人の心を動かし、人を購買に向かわせる役割を担う言葉**である。「欲しくない→欲しい」「知らない→知りたい」「話したくない→誰かに話したい」のように、興味のなかった商品・サービスに対して、興味をかきたてて「心を動かす役割」がコピー。すなわち「→」を生み出す役割がコピーというわけだ。

逆に言えばそういう変化をともなう「動き」を生まない言葉はコピーではないから、日々の会話やSNSの投稿はコピーではないし、確実に「動き」を生み出す言葉やアイデアを考えられる人だけがプロと呼ばれるべきだと思う。

僕はコピーライターとしてこの「→」をたくさん考え、AからB（A→B）へと態度変容するコピーやアイデアを提案してきたわけだが、ビジョンやコンセプトとなるとなかなかこの「→」を生み出すのに苦戦することが多かった。ビジョンを語って、あなたの会社の未来はこうなります!　と話してもクライアントはなかなか「自分ごと化」し

ない。数字を使って具体的に提示してもワクワクしない。どうしたら
いいのだろうと悩んでいた時、たまたまテレビで詐欺事件のニュース
を見て、「あ、いい未来だけ言うヤツは嘘くさくて信用できないんだ」
と気づいた。これが**「A→B」の発展型であり、僕の会社POOLの究
極奥義、矢印クリエイティブ「X→Z」が生まれた瞬間**だった。

　いい未来だけを言うのではなく、「確かに今の自分の会社はそうだ
な」と共感できる「今」の状態Xを定義して、それと対比して変化し
た未来Zを語れば、誰にでもそのギャップがわかり、何をすべきか考
えるようになる。

　**共感できる今からワクワクする未来へ、それがあらゆるコミュニケ
ーションを円滑にする鍵**だ。

☞ まず「今の状況」を語ると言葉が深く刺さる

　日産セレナの「モノより思い出。」というコピーを書いたのは、2
代目セレナの発売時期（1999年）だからもうずいぶん前になるが、今
でもSNSで「座右の銘」と言われて愛されているのは、きっと「モ
ノより」という出発点（X）が共感されたからだと思う。

　普通、未来を語る時には未来だけを語りがちだ。この場合なら「子
どもともっと思い出を」とか「思い出づくりに出かけよう」だろうか。
でもそれではあまりに理想的すぎて（ファンタジックで）共感できな
いし、あたりまえすぎて人に話すこともできない。

　それに対し、「モノより」という「今の状況」を語ることで、**「あな
たは今、子どもに思い出をつくるより、モノを買うことでやり過ごし
てますよね」という突きつけが生まれる**。それは多くの人が日頃から
気にかかっていた「痛い」部分なので、言葉が深く突き刺さり、自分
ごととして考えるきっかけになるわけだ。

POOLのプレゼンでは、ほぼすべてにこの「X→Z」が登場する。例えば京阪電鉄グループが開発した「GOOD NATURE STATION」での最初のプレゼンでは、「皆さんは今まさに〈TRAIN STATIONからLIFE STATIONへ〉の転換期です。どういう生活、人生、安全、安心がこの場所に集まればいいか、そのアイデアをみんなで集めましょう」という話から始めたことで大きな共感を呼んだ。

あるいは、ある食品スーパーへ向けた新しい業態開発のプレゼンでは、「これから世の中は大規模流通の時代から〈地産地消〉に変化していきます。だからこそその先を見越し、〈地産地消〉から〈店産店消〉へと舵を切りましょう」と宣言することで、未来を描いてみせた。時代はカリフォルニアから「地産地消」のオーガニックムーブメントが日本に入ってきた時だったから、テーマそのものが新しかったし、「その店でつくりその店で買って食べる」という提案は今でも通用するほど画期的だったと思う。

実は、**社内をまとめられないと悩んでいるほとんどの企業が、未来を描くことに必死で「今」をうまく定義できていない**。未来のワクワクだけを告げられても、目の前のことで必死なのに……というネガティブな感情が生じやすい。だからこそ経営者や社員、プロジェクトメンバー、さらに世の中の人々にとって、「そうだそうだ！」と共感できる「今」を定義することからスタートすることが大切なのだ。

**「いい未来」の話だけだと嘘くさい。
今の定義から出発する「X→Z」が
ビジョンへの共感を呼ぶ奥義。**

世の中が変わるところに 「X→Z」あり

矢印クリエイティブなら、言葉としては小さな変化でも、大変化を生み出せる

POOLでは、時代の考察を「X→Z」でまとめて企業向けにリポート（POOL Report）しているが、先日NYを視察した報告をまとめる際、ある言葉をめぐって社内ディスカッションをした。

ニューヨーカーの思考が「ファスト＆ジャンクからスロー＆ナチュラル」に変化しているという分析に対し、本当に「ファスト＆ジャンク」が現状Xとして正しいのだろうかという議論が生まれたわけだ。結論から言えば「**ファスト＆ナチュラルからスロー＆ナチュラルへ**」を選択したのだが、それはなぜか？

旧来のニューヨーカーのイメージなら「ファスト＆ジャンク」でいい。だが、COVID-19以前にはナチュラル思考が過激になり、5分でサラダだけを食べるといった極端な行動が街中を席巻し、人々を辟易させていたからだ。このように**一般的なイメージと、本当の現状との違いをしっかりと意識することが「X→Z」の第一歩**となる。あたりまえにそうだろう、という固定観念は敵なのだ。

ただし、あえてXをいわゆる「あたりまえ」の言葉で規定する場合もある。日本屈指のレジャー開発企業に呼ばれスキー場を開発するプロジェクトに参加した時のこと。関係者からさまざまな建築コンテンツのアイデアが提案されたが、そのスキーリゾートに本当に必要なも

のは何かの見極めがつかず、悶々としていた。そこで、**まずプロジェクトのビジョンを「X→Z」ではっきりさせて、そのビジョンに沿ったアイデアだけを並べてみることにした。**

まずは今の定義。この企業は長年レジャー開発で成功を収めてきたので、共感する定義Xはあえて「レジャー」にした。Xは「確かにそうだよね！」と思える強い共感ワードを置くことが望ましいが、その時に無理に新しいワードを使わなくていい。

次に、ワクワクする未来Zはどうするか？　いろんな考察を踏まえた上で、この事業主体となる会社に、地域の人が喜ぶものをやっていきたいという理念があったことから、Zをプレジャーと置き、そこから**「レジャーからプレジャーへ」**というビジョンを生んだ。

「なんだ『プ』を加えただけじゃん！」と言うなかれ、これが大きな変換をもたらす。レジャーとは余暇。すなわち事業の「形態」の話であって、人の気持ちにまで言及していない。でもプレジャーは喜び、楽しさの意味で、これをドメインとする企業は「人が楽しいと思うこと、幸せになれること」を約束することになる。レジャー産業とプレジャー産業の違いは「プ」だけだが、**この1字の違いによって、会社として選択する企画が「それは本当に喜びと幸せを生み出すか？」という問いを超えたものだけになり、アイデアは大きく変わる。**

☞「X→Z」の設計が大きな行動を生む

先に触れたイオンレイクタウンも一言で大きな違いを生んだ「X→Z」の好事例だ。実は、僕が参加する前のコンセプトは「The Mall of Japan 〜日本一のショッピングセンター」だったが、もっとオリジナルで、未来の人にも共感されるものにしたいと考えた。そこでイオンがエコ活動に力を入れていることを踏まえて、**「日本一のエ**

コショッピングセンター」へと変更した。「エコ」というたった2文字を追加しただけで、ただ大きいSCからエコで一番のSCになるというビジョナリーなコンセプトへと進化させたわけだ。

　他にも、矢印クリエイティブでコンセプトを生み出した例は多い。例えば、ある企業の人事戦略を「成功から成幸へ」として、幸福追求を掲げたり、ある不動産会社に対して**「駅近から趣味近へ」**と掲げて物件価値の新機軸を提案したり、あるリサイクル企業へ**「一生モノから三世代モノへ」**と、世代を超えてモノの価値を受け渡す未来を提示したりした。三菱鉛筆の未来を生み出すビジョン策定に関わった時は、**「世界一の筆記具メーカーから世界一の表現革新カンパニーへ」**という大きな転換を促し、筆記具にとどまらない開発の促進を後押しした。

　このように「X→Z」はただのスローガンに終わらず、大きな経営判断となって会社の具体的な行動を生む思考ツールだ。広く世の中を見ても、大きな転換期には「X→Z」が使われていることが多い。トヨタは2018年にアメリカのCESで**「クルマをつくる会社から、モビリティカンパニーへ」**を掲げて発表したが、トヨタのアイデンティティである「クルマをつくる会社」というワードをつけることで、本気で転換するというメッセージを世の中に刻むことに成功した。

　心に刻まれる言葉の多くは、「X→Z」の構造を持っている。聞いた人が自分の心の中で今を見つめられるからこそ、「自分ごと化」して未来へ向かえるのだ。

未来を生むために、まず今を正確に定義する。そうすれば、未来を自分ごと化できる。

迷ったら
3つの「→」が助けてくれる

新しい発見がしたければ
逆に「←」でつなげ

その昔コピーライターブームというのがあった。「1行書いて100万円」というフレーズで糸井重里さんらがもてはやされ、楽で儲かる仕事の代名詞のように謳われた。

もし本当にそうであれば幸せなのだが、実際は「コピー1行」は氷山の一角で、その下には膨大なロジックが隠されているし、考える領域もテレビCMからさまざまなイベント、SNSの企画や商品開発、さらには人事戦略まで考えることになるので、1行100万円でも決して高くはないと思う。

さらに最近では、複雑怪奇な情報社会になったこともあって、昔は海の下に隠れていた課題整理や解決戦略といった「ロジック」もしっかり提案することが必要になった。今や「これがコピーだ、以上！」なんてプレゼンは夢のまた夢。**アイデアで「なるほど」を生むより、ロジックで「なるほど」を生むことを求められる時代**というわけだ。

ただ、この流れを僕は前向きに捉えている。**ロジックとクリエイティブの関係は反比例どころか、比例する**と思っているからだ。正直、面白くないクリエイティブは、原因を探ると課題の設定が甘く、ロジックがガタガタの場合が多い。逆に言えば、ロジックが明快であればあるほど、アイデアも明快で面白くなるし、より高いクリエイティブ

ジャンプができるようになる。**世の中を動かす現代的なクリエイターたちのほとんどが、ロジックの土台を正確につくり、その上でクリエイティブジャンプするようになった**のも頷ける。

☞ ロジックで苦しむのを、ロジックで助けよう

　しかしロジックが強くなった時代は、すなわち「ロジックで悩む時代」とも言える。今は、いくらアイデアが良くてもそれだけでは選択されない。そこで、コピーの本質である「→」という態度変容を生むロジックを用いて僕が検証し、編み出したのが**「ロジックでの苦しみをなくすためのロジック」**だ。簡単にロジックの破綻をなくし、ロジックそのものを生み出せる方程式なので、ぜひ活用してほしい。

　まず1つ目は、**「秩序の→（矢印）」**。まとまりのない情報を、考えやすい情報群にするための思考ツールだ。よく「この仕事は難しい」という話を聞くが、そのほとんどが当事者の「混乱」が原因。情報過多やTODO過多をほったらかしにしていて、途方に暮れている場合が多い。では具体的にどうやって整理するか？　2014年に日本に初上陸したラグジュアリーホテル「アンダーズ東京」のコミュニケーションをつくった事例で説明しよう。

　当時、アンダーズは世界的に話題になっていたが、たくさんの言うべきことがあり混乱していた。そこで図6のようにまず知っている情報やTODOを一枚の紙に列挙し（すでにあるメモなどを使ってもよい）、関連の深い言葉や情報を「→」でつないでいった。すると、**これまでバラバラであった情報が因果関係や時系列でつながり、情報の地図が生まれ、今何が議論になっていて、どこに注意して、何を目指せばいいのかなどの道筋やゴールがクリアにわかる**ようになった。この時は、ラグジュアリーゆえに説明過多はダメで、ターゲットに刺さる雑誌や

| 図6　秩序の「→」ロジック図

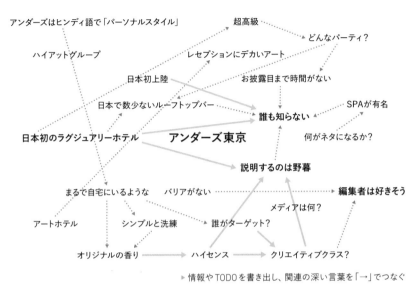

▶ 情報やTODOを書き出し、関連の深い言葉を「→」でつなぐ

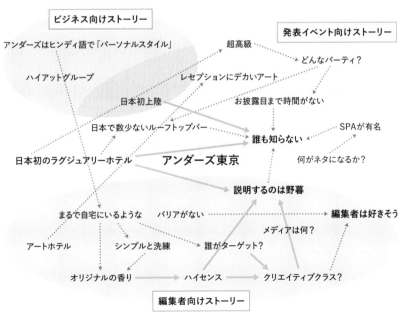

▶ ストーリーを生む組み合わせを、色分けして囲んでいく

095

メディアの編集者が好きそうなものをメッセージにすればいいとわかってきた。

　しかしすべての情報が「日本で誰も知らない」という問題につきあたる。そこでこの「世界で有名。日本で無名」を逆に利用したコミュニケーションを開発することにした。それが「**あなたはANdAZを知っていますか?**」というキャンペーン。あえて知らないことを突きつけて枯渇感を煽る雑誌の常套手段を広告メッセージに応用したわけだ。その後、色分けしたように、ビジネス、カルチャー雑誌、イベントとそれぞれに向けたストーリーを明確にし、全体のコミュニケーション戦略を生み出した。このように、「秩序の→」は情報の整理だけでなく、メインメッセージの開発や全体戦略の構築に役立つわけだ。

　さて2つ目は、「**気づきの→**」。企画書や説明書類、会議での発言録などの文言を「→」でつなぐだけで、破綻しているロジックが見つけられる思考ツールだ。

「→」を見ると、人は本能的に「原因→結果」「課題→解決」「ニーズ→メリット」といったつながりに興味を抱くので、自動的に「ロジックがつながらない部分」にも意識がいく。

　特に、提案前の企画書の確認にはもってこい。各ページの見出しワードを「→」でつないで読むだけで、ここでロジックが飛んでいる、ここのタイミングで判断ミスが起こっているなどが手に取るようにわかり、対処できるようになる。特に若手にやってもらうのが効果的。提案の全体感とロジックを同時に見られるので、仕事の中身が飛躍的

に「わかる」ようになる。

☞ 遊び心と「気づきの←（逆矢印）」

3つ目は、「気づきの←（逆矢印）」。これは、あたりまえの言葉の間に「←」を入れて遊んでみるもの。例えば「広告」は「広く告げる」の意味でマス広告を指すが、「広←告」だと「告げて広める」となるのでマス広告を否定するロジックになる。これは15年ほど前に打ち合わせで生まれた考え方だが、今でいうSNSのインフルエンサーマーケティングを予見したロジックの発見だったと思う。

「幼稚園」を「幼稚←園」とすれば、逆に「園が幼稚」である理由はなく、かっこ良くてもいいかもと思うきっかけになるし、「和食」を「和←食」とすれば、食して和となすだから、日本の食材としきたりでなくても和すればいいという発想に広げられる。他にも映画は「映←画」となり、面白い絵の鑑賞会が思いつくし、生成AIは「生成←AI」となり、AIそのものを生成するAIをつくろうというアイデアにもなるかもしれない。

このように頭の発想を柔らかくする助けとして、「気づきの←」をアイデアソースの一つにすると、楽しく仕事ができると思う。皆さんの仕事の周りにある言葉やあたりまえと思われているロジックに「←（逆矢印）」を入れてみてほしい。意外な発見が得られるはずだ。

「秩序の→」「気づきの→」「気づきの←」、3つのロジック構築法で発想を広げよう。

2つ以上の課題を同時解決
「マルチととのい」

アイデアはまとめて考えるほど、
ととのいやすくなる

時折、「そんなアイデアよく閃きましたね！」と感心されること
があるが、傍目からはいきなり思いついたように見えるアイデ
アも、実は課題を解決するロジックを相当積み重ねてつくっている。
でもロジックの積み上げだけでは人の心は動かせない。やはりロジッ
クの上に立ち、クリエイティブジャンプすることが必要だ。

僕が「ジャンプできた！」と思えた時には、**「パッと思って、グッ
とくる」というか、これだ！　と視界がひらける感覚がある**。何度も
アイデアを考えるトレーニングをして、アイデアが「降りてくる」こ
とに慣れてくると、この感覚を得られるようになる。まるでサウナに
慣れてきたら「ととのう」ことを知るような感覚だ。

この「ととのう」感覚の先に、時折やってくるのが、**「悩んでいた
複数の課題が一気に解決し、これですべてうまくいく！」**と思える瞬
間。からまった糸がスルスルほぐれて、悩みが一気に解消して、とと
のうのだ。そんな奇跡的な「マルチととのい」を味わえるようになる
と、アイデアをつくるのが快感に変わる。

例えば、冒頭で触れた「はなまるうどん」の「期限切れクーポン大
復活祭」はクーポンの話題化と低予算を同時に解決したし、2017年
に始まった「プレミアムフライデー」では経済の活性化と働き方改革

への扉を同時に開いたが、それらが生まれた時には、えも言われぬ快感がやってきたのを覚えている。

　ただし「マルチととのい」は決して偶然の産物ではなく、それに至るコツがある。それが**課題の再整理と人生思考**だ。マルチととのいに至れない理由は、ひとつの課題だけに集中するから。そこで一旦、**現状の課題を離れ、課題（不満）を並べ俯瞰して再整理してみる。すると**いくつかの大切な課題が再発見されるので、それを見ながら人生思考すれば「マルチととのい」が生まれやすくなる。

　イオンレイクタウンで開発した「花の広場」もそうだった。まずは課題の再整理。名称に合わせて花のようにかわいいデザインにすることが求められていたが、それ以外にも施設コンセプトの「エコ」や、地元で愛されること、集客が見込めることなどの大切な課題を見つけ、それらを俯瞰しながら人生思考を始めた。

　花のようにカラフルな空間と地元の人の暮らしの間に何があるか？その問いから生まれたのが、当時カフェ・カンパニーにいた當間一弘さんが出した「**ペットボトルのキャップを使って花畑をデザインする**」というアイデア。僕らは地元の飲料メーカーで廃棄されるカラフルなボトルキャップに着目し、それを近隣の小学校でデザインしてもらって壁面に貼ることで見た目にもかわいいボトルキャップ畑をつくった。狙いは大当たり。まずプロセスがエコだし、子どもの作品が飾ってあることで家族の集客にもつながる。さらに福祉施設に依頼して洗浄の仕事を生み出したことも地元から愛されることにつながった。まさに「マルチととのい」の瞬間だった。

☞ 広告と建築の課題を同時に解決

　建築設計事務所であるサポーズデザインオフィス（谷尻誠・吉田愛）

と僕の会社POOLとの共創プロジェクトから生まれた「アドバタイジング・アーキテクチャー（広告建築という造語）」も広告と建築の課題を同時解決する「マルチととのい」アイデアだ。

　企業の広告には効果があるが、大きなお金が使われるのに一時的でストックされない。建築家は企業と組める新しい建築機会を探している。さらに行政は街に人の流れを変えるシンボルを求めている。それらの課題を、**建築の手法を使う広告で解決すれば、人を集め長い時間広告的な効果を得られる**と考えたわけだ。

　従来から建築物に名前をつけるネーミングライツという手法はあるが、それでは名前が知られるだけで体験は伴わない。でも例えば、サントリーが水の美しさと美味しさを体験できる建築をつくったらそれだけでロングテールの企業広告になるし、オカモトがコンドーム型のドームを建築しSAFE SEXを訴えたりすれば、企業の理念や商品が長く体験できる場になる。まだカタチになってはいないが、近い将来に実現すると思う。

　このように優れたアイデアは単一の問題解決ではなく、横断的にマルチに課題を解決できるのである。

「マルチととのい」を生むコツは課題の整理と人生思考！

コミュニケーションの方程式 II

マクラがいいと、客が寝ない

マクラのない話なんて、マクラのないベッドくらい辛い

こ のタイトルは、ある落語家の師匠からの教えだ。落語はマクラ（枕）、本題、サゲで構成されていて、客前に出てきて最初のつかみとなるマクラは、その良し悪しでその日のウケが変わるほど大切な導入部分。名人と言われる噺家はそれぞれ独自のマクラのスタイルがあり、それを聞くために寄席に通う人もいるほどだ。

人間国宝の柳家小三治師匠もマクラの素晴らしくうまい噺家で、なんと本題に入らずマクラだけで90分ほど話されたこともあるが、その間ずっと笑いっぱなしだった。

でもビジネスのプレゼンテーションでは多くの場合、マクラがない。同じ「話す会」なのにである。もちろん、プレゼンは話芸ではないし、会の性質も違うのだが、目の前にいるお客様に話をして満足してもらう点では同じだ。

人の多い会議や偉い人たちの前でマクラを話すのは、正直難しいものだが、それでも僕は少しやるようにしている。**状況によって時間の長短は変えるが、マクラがあるほうが確実に場が温まり、面白そうなプレゼンだという意識で聞いてくれる**からだ。

例えば、孫正義さんに15分プレゼンをした時もマクラから入った。前回の打ち合わせで孫さんが椅子にあぐらをかいてプレを聞いていた

ので、「**社長、実は私もあぐら派でして、よろしければあぐらをかい
てプレゼンしてもいいですか？**」と。孫さんは「お前面白いこと言う
な」と言って笑い、身を乗り出して聞いてくれた（もちろんあぐらで）。
時間でいえば30秒ほどの、かなりの賭けではあったが効果テキメンで、
その後のプレゼンもスムーズに運んだ。会議では偉い人ほどよく寝る
が、どんなに偉い人も、忙しい人も、マクラがいいと寝ないで楽しん
で聞いてくれると思う。

☞ プレイステーション初のマナー広告のプレゼン

　僕の師匠の小霜和也さんはマクラの天才で、いつもプレゼンの導入
で笑いが起きて、内容へスムーズにつないでいた。クライアントが最
初から笑いながらプレゼン内容を聞く光景を何度も見られたのは、本
当に勉強になった。その内容はどれも自分の話で、例えば、うちの女
房と食事に行ったんですけど……とか、子どもが頭良すぎて……とか。
クライアントも笑いながら引き込まれていくのだ。

　例えば「よい子とよいおとなの。プレイステーション」のプレゼン
では、「女房は私のことが大好きで、よく女房の友達とも食事行くん
ですけど。そこで最近、ゲームが不安だと聞きまして。非行につなが
るとか、キレやすくなるとか。ちょっとそれは危機だなと思うんです
よ。で、今日お持ちした提案なのですが……」という話から、プレイ
ステーション初のマナー広告のプレゼンをするという流れだった。あ
まりにも衝撃的で鮮明に覚えている名マクラだった。

　もちろん、いきなり社長を前にした会議でマクラを話そう！　とは
言わない。**最初は身近な先輩や同僚との小さな会議からやってみるの
がいい**。特におすすめはリモート会議。僕も実際、リモートでは必ず
マクラを話すことに決めている。マクラがあると最初に一体感が生ま

れるので打ち合わせが活性化するからだ。例えば、食品会社のプレゼンへ向けた企画会議でこんなマクラを話した。

「風邪気味なんで医者に行ったんだけど、毎日お酒飲んでる話をしたら叱られちゃって……。2日に一度は必ず休んでくださいって言われたんで、じゃあ、毎月2日はお酒飲みません！　って笑ったらガチでキレられてさ（笑）。ところでみんなは、お酒の時なんのつまみ食べてるの……」といった具合だ。その後、つまみの話が盛り上がったのは言うまでもない。ちなみにこれは落語が好きな人はピンとくるだろうが、桂枝雀師匠の持ちネタなのでレベルが高い。でも実は、

マクラのレベルは関係ない。それよりもマクラからプレゼンや会議に入ることで、味気ない情報共有ではなく、楽しんでもらいたいという思いは伝わる。

　だから「少し別の話をする」くらいからトライしてみてほしい。もし、これから話す中身と連動するものにできるならよりベターだ。そして余力があれば、ぜひ名人たちの落語を聞いてマクラの呼吸のなんたるかを知ってほしいと思う。プレゼンを次のレベルに高めてくれる効果がきっとあるから。

場がカタイとどんなアイデアも通らないし、面白いアイデアが出ない。下手でもいいからマクラで場を温めよう。

君の話が面白くないのは、君の話をしないから

自分が直接体験した「自バナシ」は最高の引きになる

プレゼンテーションでは摑みのマクラが大事だという話をすると、「私は話が面白くないから無理です……」という反応がよく返ってくる。ただ僕は、**面白く話せない人はいても、面白い話ができない人はいない**と思っている。つまり、トークに自信がなくても、口下手でも、恥ずかしがり屋でも、誰もが面白い話はできるのだ。

「でも私、本当に面白くないですよ」という若者がいたので、実際にその人の話を聞いてみたら、確かに面白くない。でもそれは「自分の話」をせずに、誰かから伝え聞いた話とか、ネットに落ちているような、どこかで聞いた一般論的な話ばかりするからだった。

聞きたいのは、自バナシだ。その人固有の経験や考え方やそれを生み出した過去の話には、隠された人生の宝物が眠っていて、それが人の興味をそそるし、仕事の大きなヒントになる。

僕の会社POOLの役員の高橋慶さんはすこぶる優秀なプロジェクト・マネージャーだが、彼も「あまり話が得意じゃなくて」という。でもNYに視察に行った時に聞いた、9.11当時に在住していた頃の話

や好きなアートやカルチャー、かつてのホストファミリーと再会した話など、彼の「自バナシ」には面白い話がてんこもりだった。そういう話こそ、プレゼンや営業先とのトークで活きてくるのだ。

でも、いざ話をするとなると上がってしまって何から話したらいいかわからなくなるんです……という人には次の「自バナシ」トレーニングをおすすめしたい。

まず**「自バナシ」とは、自分が直接体験したコアな話**のこと。聞きかじったニュースや噂などではなく、実際に体験したものであれば、生い立ちやハマったものなどなんでもいい。南アフリカに行った時に……でも、昔お化けに会いまして……でもいいわけだ。大切なのは、あまり知られていない自分だけの体験談であること。

この「自バナシ」には3つのバリエーションがある。

1つ目の**「時バナシ」は時流に乗った話**のこと。例えば、自分のおばあちゃんがTikTokにはまってる話とか、大谷翔平をひと目見たくてアメリカで観戦した話とか、予約のとれない店に行った体験とか……のように、時流のトピックスに自分の体験をからめていく方法だ。友人の映像作家である東市篤憲さんは、あるクライアントとの会合で突然スピーチを頼まれた時、最近ハマっているのは「タロット」でこれが本当に面白い体験を生むという「時バナシ」から、リゾート開発に不可欠な面白さとは何かの話につなぎ、出席者の大きな注目を集め

| 図7　自バナシのバリエーション

ていた。

　2つ目の「地バナシ」は、地元の話のこと。自分の生まれた街や好きな村、体験した地方の話などならなんでもいい。地元の友人から聞いた担当商品の話などを織り交ぜれば、最高の「地バナシ」になる。今や東京などの都会より地元の話のほうが価値があるし、もしプレゼン相手と地元が同じだとわかったら最強で、スターを取ったマリオのように無敵化する。

　最後の「児バナシ」は、子どもの話。配偶者や子どもとの日常の話でもいいし、家の周りの子どもたちの話でもいい。プレゼン相手に子どもがいれば共感も生まれるし、そうでなくとも広い観点になることでプレゼンが楽しくなる。内容は子ども自慢でも最近の流行りでもいいが、担当するサービスに関連するとなおいい。

　注意点は2つ。1つ目は決して「自慢バナシ」はしないこと。自慢話は聞き苦しい。僕はプレゼンでは決して自分の成功譚は話さない。そういうのは事前に別のルートからあげておくか第三者に言ってもらう。

　2つ目は、臆さずどんどん話すこと。次にある大事な会議で話そうなんて温存していると結局話せないで終わる。自バナシは普段から話していることで鍛えられる。僕は、聞いたことや体験したことは、数十秒後に誰かに話すようにしている。どんどん話していかないと忘れるし、話すことで自分の血肉になり、いつでも引き出せるネタになる。インプットはアウトプットで完成するのだ。

**「自バナシ」のネタは10個用意しておこう。
持ちネタの「組み合わせ」で話をするのが吉。**

プレゼンの必勝方程式
「課題→未来→実現案」

提案とは一緒に夢を見るもの。
「ワクワクする未来」の提示が必要だ！

こ　れまで僕は1万回以上のプレゼンテーションをしてきたが、その度ごとに「提案は一緒に夢を見るもの」と唱えて臨んできた。そもそもプレゼンの目的は何かというと「相手に夢を提示して、共感を生み、ともに行動するきっかけをつくること」である。つまり、提案を聞いた相手が蚊帳の外にいる気分になっては駄目だし、現実を突きつけて、仕方なくこれをやりましょう、というのもプレゼンではない。

僕はビジネスのプレゼンテーションこそ「**"夢"を提示してそれを実現する方法を話すべき**」だと思っている。ビジネスで「夢」というと「世の中そんなに甘いものじゃないよ」という反応も多いが、**夢には人間の根源的な憧憬を呼び覚ます力があり、それはビジネスにも必要だ**と思うからだ。

先日、音楽プロデューサーの蔦谷好位置さんから「小西さんの夢はなんですか？」と聞かれた。少し気恥ずかしさを覚えながらも「僕は人生で音楽と海外生活という2つを置き忘れてきたので、それをやるのが夢です」と答えたら、「じゃあ、海外に住んでグラミーを取りましょう」と言われた。

えっ、グラミー賞？　と笑ってしまったが、すぐにそれぐらいの夢

でもいいかもしれないと思った。重要なのは夢がワクワクする未来であることであり、自分にとって「らしい未来」であることだ。誰にも言っていなかった強い憧れを、わかりやすい未来として提示してくれた蔦谷さんは本当にすごいと思った。

☞ 必ず「未来」を入れ込もう

　僕の考えるプレゼンの必勝方程式は「課題→未来→実現案」だ。普通のプレゼンは「課題→解決案」というスタイルだと思うが、必ずそこに「未来」という夢を入れ込む。それは、そもそも未来の提示がなければ人はワクワクしないし、何より未来の姿がなければ「解決方法」を選ぶ基準がないからだ。

　この方程式を守るだけで、プレゼンはもちろん、事業の成功確率も飛躍的に上がると思う。例えば、発売当時のプレイステーションが「ソフトの多さを言うのか」「ハードのスペックを言うのか」を決める際に、ソフトの多さを訴求したのは、「すべてのゲームはここに集ま

図8　プレゼンの必勝方程式

る」という未来が見えていたからだろう。**向かうべき未来の姿がなければ、あれもありこれもありと、いちいち判断がブレることになる。**「こういう未来を実現したい」があるからこそ「こう解決する」と手段を決められる。

とはいえ「未来なんか関係ない仕事もある」という声もわかるし、目の前のことを解決することで忙しい毎日に「未来のワクワク」を入れ込み難いのもわかる。僕も「面倒だ」と何度も上司に怒られてきたから痛いほど理解できる。ただ僕は、なんとか未来を提示し続けた。例えば会議名に「〜未来をつくる企画会議」と入れたり、メールに「こういう未来を生むために○○しましょう」と加えたり。最後には企画書に勝手に1ページ「ビジョン」を加えたりもした（怒られたけれど）。そのように少しずつでも未来が変わるといいと願いながら、抗ってみるのもいいかもしれない。

僕は、どんなに短い時間でも、どんなに小さな案件でも、プレゼンでは必ず未来を提示したほうがいいと思う。未来の夢に共感してもらった上で、どうやってその夢を実現するのかという具体的な案を示すことで、**プレゼンがゴールではなく、そこから一緒にスタートする起点としての場になる**からだ。プレゼンに命を吹き込むのは、未来のビジョンにほかならない。

**どんな時もプレゼンでは、「こうありたい」という
ワクワクする未来の姿を示そう。**

完璧なプレゼンは
9つのテーマでできている

知ると知らぬでは
雲泥の差がつく視点とは?

プレゼンの必勝方程式「課題→未来→実現案」について具体的に掘り下げたい。

まず最初の「課題」は、客観的に見て「今こうです」という現状の共有だ。そのために、会社やプロジェクトに漂う「困ったなあ」の正体がなんなのかを「直視して再整理すること」から始める。この整理は、「①社内課題」「②社会課題」「③本質課題」の3つに分かれる。

①社内課題は「企業内の課題」。商品や技術、営業や人事などすべての問題点を洗い出し課題化したもの。できれば過去の判断やその後の成否、そこから得られた知見などをできるだけ深く知ることが大切だ。普段から社内にそういう情報をアーカイブしてあるのが望ましい。

②社会課題は「世の中全般の課題」。提案するテーマに関するニュースや流行情報などはもちろん、直接関係しなくても社会で話題になっている事象（SDGsやジェンダー問題、宇宙開発から小さなヒット作品など）を取り上げておくことで、提案に幅が出るし、予想外の関連アイデアも生まれる。

③本質課題は「プレゼンでの最重要課題」のこと。いわゆる与件やうわべの課題の「奥」にあるもので、これを解決できればすべてが解決できるという問いであり解決の糸口だ。どうすればその本質課題に

| 図9　プレゼン必勝方程式　9つのテーマ

課題

① 社内課題

商品や技術、営業や人事など
社内の問題点を洗い出し課題化したもの。

② 社会課題

提案するテーマに関わるニュースや流行情報、
直接関係しなくても社会で話題になっている事象。

③ 本質課題

社内・社会の「隠れ不満」を課題化したもの。
これを解決すれば
すべてがうまくいくという根限的な課題。

未来

④ 隠れニーズ

隠れ不満と対になる、未来に向けた潜在的なニーズ
「確かにそれがあるといいかも！」と思えること。

⑤ ビジョン

ワクワクする未来のこと。
隠れニーズと社内の DNA をかけ合わせて
「らしい未来」として提示するもの。

⑥ プロジェクトゴール

チームが取り組みやすい「短・中期の目標」。

実現案

⑦ コンセプト

ビジョンへの「行き方」を提示するもの。

⑧ アクションプラン

CM やプロモーションなど
「コンセプトを具現化して形にするアイデア」。

⑨ 実行スキーム

実行するチームの設定や人的リソースの配分。

行き着けるかについては、「隠れ不満（p.53）」や「そもそも思考（p.64）」を参照するとよいが、とにかくプレゼンには常に見えていない本当の課題があり、それを探し当てることが大切だと意識してほしい。

　できればドキッとするぐらいの課題設定がいいと思う。病院の先生に「あなたこのままじゃ倒れますよ」と言われて生活習慣を見直す感じだ。クライアントから「小西さんのプレゼンはライザップみたいですね」と言われたこともあるが、それは「太った自分」を目の当たりにさせるからだ。その後痩せてイキイキした未来を示し、実現するアイデアを提案するのだから、確かにライザップのCMに似ているのかもしれない。

👉 短・中期のマイルストーンも含める

　次に「未来」の提示。「こうなりましょう」の具体的な姿も3つに分けられる。

　④隠れニーズは「未来のニーズ」とも言える。隠れ不満と対をなすニーズで、「確かにそれがあるといいかも」と思える提案。Googleがパソコンの黎明期から未来の情報の混乱（未来の隠れ不満）を予見し、「検索」がニーズとなると考えて行動したように、未来に向けたニーズや人々の願望を描き出す言葉。

　⑤ビジョンは、「ワクワクする未来」のこと。企業内の誰もが「これが俺たちの本質だ。あるべき姿だ」と共感することで、強い結束力とモチベーションを生み出せる。隠れニーズと社内のDNAをかけ合わせて「（企業）らしい未来」として生み出すことが多い。

　⑥プロジェクトゴールは「短・中期の目標」。大きなビジョンだけだと現場が「どうすればいいの？」となることがある。そこで各チー

ムが取り組みやすい短・中期のマイルストーン（節目）を設定することで、プロジェクトをより自分ごと化できるようになる。

　最後の「実現案」も3つに分けて考えることができる。
　⑦コンセプトは「ビジョンへの〈行き方〉を提示するもの」。ビジョンという「行き先」に対し、企業のリソースなども踏まえて実現可能な行き方（アイデア）を提示するもの。オリジナルで誰もがわかりやすい方法が望ましい。
　⑧アクションプランは「コンセプトを具現化して形にするアイデア」。CMやプロモーションなどがそれにあたるが、社内の活性化にも必要。例えば「エレベーターではお静かに」のようなポスター掲示や、家族が会社訪問する日をつくるなどもこれにあたる。
　⑨実行スキームは「実行するチームの設定や人的リソースの配分」などのこと。コンセプトやアクションプランを実現するのにかかる工数や期間は、経営者や管理職なら誰もが気になる重要な部分なので、プレゼンではここまで含めるとよい。
　ここに挙げた9つすべてをやろうとすると、慣れないうちは混乱すると思うので、まずは③本質課題、⑤ビジョン、⑦コンセプトだけを提示するのでもよい。それだけでも十分に「課題→未来→実現案」を提案する質の高いプレゼンになる。探求していけば、提案相手に強い共感とモチベーションを生むことができる黄金の方程式だ。

**③本質課題、⑤ビジョン、⑦コンセプト
3つを踏まえるだけでもOK！
相手の心をつかむ、必勝方程式を体得しよう。**

安易なゴールは、
"蜜の味"の毒リンゴ

そのゴールが実現した未来に
生きていたいか?

プレゼンの最も重要な肝である、未来（ゴール）の設定について大切なことを伝えたい。一般的なビジネスパーソンの仕事では、企業の未来を考えることよりも、次の新商品のマーケティング施策や来期の部署内の売上のような、直近の課題に追われていることのほうが圧倒的に多いだろう。だから、なかなかビジョン（＝ワクワクする未来）と呼べるほどのゴールを設定しづらい。僕もそうだったのでその気持ちは良くわかる。

でも、だからといって「とにかく何かゴールをつくればいい」というのは間違い。**安易なゴール設定は逆に仕事をダメにするケースがままある**からだ。例えば、過去の成功例をそのまま踏襲しようとか、他社で流行っているものをパクろう……などは余りにも安易で危険だ。さらにクライアントの要望だから、前任者がやっていたからという理由でゴール設定をするのも良くない。なぜなら、流行りのアイデアをパクったら仮にいっときは売れたとしても世の中からの信頼を失墜するし、時代が刻々と変わっているのに、以前の成功例が正しいと思う前例主義では確実に道を誤る。

成功例をデコンしてエキスを抽出するのはい

いが、同じゴールを描いていいはずはない。

　楽だからといって安易に手元に落ちてきた果実を食べたら、思いもかけず毒リンゴだったりする。**高い木の上まで登って、自分の目で選んで熟した果実を取るべき**だ。

　実は、何度か紹介している「挽肉と米」も、スタート時にゴール設定を大きく間違えそうになった。最初のメニュー開発で、今のような一品だけではなく、居酒屋的な複数メニューが考案されたのだ。確かに飲食事業の過去の成功例から考えると、複数メニュー×アルコール主体の業態をやるのが定石で、一品で戦うのは常軌を逸していると言われる。でも僕たちのチームは、「挽きたて、焼きたて、炊きたて」にこだわり、一品メニューでのゴールに賭けた。もしも過去の成功例をそのまま踏襲したら、今の人気は決して出なかったと思う。

　ではどうすれば、毒リンゴ（安易なゴール）を食べるミスを避けられるのだろう。まずは、**「本当にその未来に生きていたいか？」と問い続けること**だ。「他社をパクったと思い続ける未来に生きていたいか？」「思いを曲げてまで前例に従った未来に生きていたいか？」。それらを吟味するだけでも安易なゴールに甘んじなくなる。

　もう一つは、**答えを出すまでに「一拍置く」**こと。いきなり結論を出すのではなく、一旦冷静になり、本当に何がしたいのか、何を目指すべきなのかを自問自答する時間を持つ。この一拍が、未来を左右する時間になると思う。

過去の成功例に囚われず、
高い木に登って熟した果実を取ろう。

美味しそうな提案は
〈おかず3割・ごはん7割〉

せっかくのアイデアを
不味く見せるな

相手先にプレゼンテーションする上での妙味は、「おかず3割・ごはん7割」である。これは、僕が尊敬する大先輩でチエノワ代表の松尾利彦さんに教えてもらった大切な指針だ。松尾さんは渋谷QFRONTの開発をはじめ、TSUTAYAを運営するCCCやカフェ・カンパニー、最近では飛ぶ鳥を落とす勢いのeat creatorも支えてきた陰の立役者で、僕はイオンレイクタウンの開発などいくつもの仕事を通してたくさんの学びをもらってきた。

相手のために何かを提案する場ですら、人は「私はこれだけ考えたぞ」「こんなにすごいアイデアだぞ」と、自分をよく見せたがるものだ。僕にもそんな時期があり、「どうだ！」と言わんばかりのもりもりのプレゼン資料をつくっていたのだが、ある時松尾さんにたしなめられた。「これじゃおかず10割ですね」。それを聞いてハッとした。

アイデアという「おかず」ばかりだと食べる前からお腹いっぱい感があるし、そもそも食べきれない。それでは提案者のエゴだ。提案相手はアイデアという「おかず」も食べたいが、日々売上を上げ、企業の糧となる「ごはん」の部分が大切で、その「ごはん」がどう美味しくなるのかが知りたい。例えば、ホテル開発なら、かっこいいブランディングにつながるスローガンやデザインやイベントや映像案も食べ

たいけど、それがどう集客に結びつくのか？　サービスの質を向上させるための教育はできるのか？　結果的に客室の単価は上げられるのか？　といった「収益のOS」が知りたいわけだ。

　かといって、守りに入った実務的なことばかりでは現状を打破できない。だから未来を提示してそこに行き着くアイデアを入れるべき。ただし斬新なアイデアは3割でいい。増えても5割まで。それ以外は課題の整理や実業の改善を提案する。そうして、**おかずとごはんのバランスの取れた、美味しそうなお弁当に仕上げる**のだ。

　実はそんなふうにバランスを考えて企画したのが、松尾さんと仕事をしたイオンレイクタウンの施設開発だった。僕たちはブランド名やロゴ、ポスターや映像はもちろん提案したが、それ以外にも集客イベントの名称やインナーが活動するコミュニティスペースのデザイン、さらには車椅子のデザイン、スタッフの制服までも提案した。また働く人へインタビューを実施して日々の教育に使う「働く気持ちマニュアル」を制作。スタッフが着替える場所に貼る「それはお客様の笑顔をつくる行動か？」という啓蒙ポスターまでも考案した。こうして「ごはん」が増えることによって、地に足がついたプレゼンができ、成功へと動き出す実感が生まれた。

　もし皆さんの中で企画書がうまく通らないと感じている人がいたら、提案内容を「おかず3割・ごはん7割」にしてみてほしい。それだけでもかなり視界がひらけ、共感されやすくなるだろう。

おかずばかり"てんこ盛り"に詰め込まない。ごはんとなる「収益のOS」を7割入れよう。

そのアイデアに
「余白」はあるか?

使う人が自由に変えられて
参加しやすいものにする

アートとデザインの違いは何かと問われたら、あなたはどう答えるだろう? なかなか難しい問いだが、僕なりの答えはある。

アートはルールを壊すもの。デザインはルールをつくるもの。

　アートの本質が破壊的創造行為だとするならば、デザインはルールメイクに一番の面白さがある。例えば日々目にする道路を例にとると、横断歩道のシマシマや信号の形状を形づくるのもデザインだが、「赤信号は止まれ」「青信号は進め」を示したり、黄色の点字ブロックで線状の突起が「進む方向」を、点状の突起が「警告」を意味しているのもデザインによるルールづくりだ。会社に目を移すと、会議に参加したら必ず一回は発言しよう、伝言メモは3行以内でといった仕組みを決めるのも、広義のルールデザインになる。

　デザインでルールをつくるというと、規制で縛られ窮屈になるイメージを持つ人もいるかもしれないが、それは逆。ルールは自由度を生み出せる。**コツは、「余白が生まれるようにルールをつくる」**ことだ。

　僕は「余白」という言葉が大好きだ。余白があるとなぜか気持ちが

楽になる。街に余白があると自分がそこへ入っていける楽しさが生まれるし、昔の日本の絵画や寺社に美しい余白があったように、余白は美しい日本文化のイメージにもつながる。効率的にぎっちりと埋めていいスペースがあるのに、あえて空けておくゆとりは、人に豊かな気持ちや幸せを生むわけだ。

　これはアートや建築だけの話ではなく、遊びもそう。ドラえもんに出てくるような昭和の公園はまさに余白だらけ。「何にも使われてない土管」が秘密基地になったり、ベンチになったり、かくれんぼのベースになったり、のび太のヨーヨーの舞台になったりする。つまり、

さまざまな用途になるフレキシブルさこそが「余白」。使う人が自由に機能を変えられるものだ。

　そう考えると、現代の街づくりやサービスに余白はあるだろうか？以前、ある大規模施設のオープニングイベントにお邪魔した時に感じたのは、**「余分な場所はあるけど余白がないな」**ということだった。そこは見て回るだけでも時間がかかるぐらい広いし、オフィス以外にもシアターやギャラリーがあり、レストランもたくさんあり、遊歩道や休憩スペースも用意されていた。

　だが、これは「余白」ではない。のび太の空き地のように、**自分が使いたいように使える、自由に遊んでみたいと思える場ではない**のだ。今の街づくりでは必ず公共の場があるが、そこはどこでもまず「理想的な使い方」が決められ、そこから外れた参加の仕方が許されない。自由な空間なのにそこに自由はなく、逆に窮屈さが生まれてしまう。**「余白」は何より「そこに居たい」とか「自分らしく使いたい」というモチベーションが生まれる機能を持つ**のだ。

☞ 余白が「共感と参加」を呼び込む

広告の表現でも「余白」は大切な役割を持つ。例えばアップルの「Think different.」というメッセージがすごいのは、クリエイティブの力を端的に表すのみならず、**誰もが自分の歴史やストーリーに合わせて勝手に解釈できる言葉**だからだ。言葉に余白があるからこそみんなが自分なりに受け止め、楽しめる自由があるし、時代ごとに意味が変化することも許容できる。JR東海の「そうだ 京都、行こう。」やナイキの「JUST DO IT.」もそう。もちろん商品やサービスにも余白があるほうが美しいし、時代を超えて長持ちする。

このように余白は、行動の自由や豊かな体験を生み出す大切なデザインルールだし、すでに多方面に活用されているが、それを意識しているビジネスはまだまだ少ないのが現状。それは大きな課題だ。なぜなら、効率が優先するビジネスの世界ではこれまで「余白は無駄」と思われてきたが、これからモノを売るためには、その**余白が生み出す「共感と参加」**が必須だし、日本は余白を生むのがうまいので、新しいモノづくりや街づくりをリードできる可能性があるからだ。

未来はまさに、消費ではなく「共感と参加」が鍵。そのためにも余白は重要なファクターなのだ。

**人がフレキシブルに使える「余白」が
アイデアには不可欠。
共感と参加を呼び込むルールデザインを。**

流行は「違和感と奥行き」で できている

「えっナニ!?→へぇ面白い!」の 「間」をつくろう

問
題。下記のうち、キャッチコピーと呼べるものはどれ？

1：豆腐

2：美味しい豆腐

3：豆腐は美味しい

4：本当に豆腐は美味しい

5：本当の豆腐は美味しい

答えは5。これだけがキャッチコピーとして機能する。最もダメなものは4。なぜなら思いを押しつけるエゴだからだ。

コミュニケーションで一番重要なのは、こちらの思いが相手に伝わること。そのための**基本は「相手の立場に立つ」**ことだ。その観点でいえば、4は相手（聞き手）の関与する余白がなく、本当に美味しいんです！　という伝え手の思いだけが強いので、正直ウザったい。

それに対し、5は「本当の」というところに意味がある。そもそも豆腐に「本当かどうか？」という概念がないために、「本当の豆腐」と言われた瞬間にその背後にある「実はまがい物があるのかな？」「何か本物であることを伝えられる内容があるんだな」までを察知する。つまり、**最初に「なんか変だぞ？」という違和感を生み、その次**

に「なんか面白そうだ」と期待する気持ちにつなげる。この一瞬の思考時間こそが、心を掴むために絶対に必要な「間」であり、コピーの極意だ。このテクニックは、プレゼンや企画書においても汎用性が高いし、ブランドを生み出すのにも必須だと思う。

これまで多くの流行を生み出してきたファッションディレクターの藤原ヒロシさんは、その話の中で「ブランドにとって大切なのは違和感」であり、さらに「面白いものには奥行きがあり、何かをつくる時にはその奥行きを同時につくることが大切だ」と語る。

それは「間」を生み出し、奥へといざなうロジック。流行はまさに「違和感と奥行き」でできているというわけだ。デニムでいえば、タグの英語が大文字だとかステッチが違うだけで、「これなんだ!?」という違和感になり、奥へ進むと「なるほどそうなんだ!」という話したくなるストーリーが待ち構えていて、その話に魅了され、いつしかそのブランドのファンを超え、語り手となる。

☞「違和感と奥行き」が「間」を生む

人の注意を引き付け、奥に引き込む「間」を生むには、①「違和感」をつくること、②「奥行き」をつくることの2つが鍵。すなわち、

「えっナニ!?→へえ面白い！」という、驚きから興味への連鎖をつくればいい。

「人は笑う前に驚いている」とは、盟友のクリエイティブ・ディレクター高崎卓馬の言葉だが、確かに笑いが起こる前には必ず「え！」という驚きがあり、そこから「なあんだ」という安堵が訪れて笑いになる。その昔、桂枝雀師匠も「笑いは緊張と緩和から生まれる」という

話をしていたように、**感情を揺さぶるにはまず心の振れ幅を生むことが必要**だ。ただこれは笑いにとどまらず、「えっナニ!?」のあとに「なるほど!」（納得）でも「わかる～」（共感）でも「ありがとう」（感謝）でもいい。驚きの先で感情が強く揺さぶられれば、「なんだろう?」という違和感から興味が生まれ、好意となり、話したくなる。

　例えば、いっときバズりまくった「10分モンブラン」はその名前だけで「なんだろう」と思わせ、「10分後には食感が変化するのでテイクアウト禁止」などと奥へ引き込み「食べてみたい」という感情を揺さぶった。同じ手法をパクる店も出てきたが、ただ真似ただけのアイデアでは驚きがないから「間」が生まれない。やはり新しいアイデアで違和感と奥行きを生むしかないわけだ。

　僕たちの日常は目まぐるしく流れていく。その流れに棹さして考える一瞬を生むには、**あたりまえのことでは無理。それ相応の「違和感」が必須だ**。ただ違和感を追い求めすぎると、週刊誌のゴシップのように人の興味をそそるだけの「悪い違和感」も生まれるので、できるだけ幸せを想像して違和感を生み出すのがよいだろう。

　まずはあなたの仕事で、どうすれば世の中の人が「えっナニ!?」と驚くかを考えるだけでもいい。上司からは「真面目に考えろ!」と言われるかもしれないが、それにへこたれず続けていれば、だんだん仕事の領域とマッチする違和感が発見できるようになり、「へえ面白い!」という奥行きを生み出せるようになるだろう。

「間」こそ、心を動かす最初の一撃。
いい違和感と奥行きが良い間を生む。

モノを売るのではなく、 "モノがたり" を売る

私たちは日々、 何万ものストーリーに突き動かされている

街を歩いていると不思議な違和感のある扉を見つける。どうしても開けてみたくなり、扉を開くとそこにはダンジョンがあり、その先に光る何かが垣間見える。衝動に駆られ、歩みを進め、その光に触れたくなる……。それはファンタジー映画の一場面のようだが、実は流行しているブランド体験そのもの。そしてこれがブランドのつくり方のルールでもある。

先ほどの「違和感と奥行き」というのはまさにこれ。日々忙しい人に立ち止まる「間」を生むためには相当の違和感が必要だし、その人を奥へ奥へと引き込むためには、**キラッと光って人を魅了する「何か」**をずっと奥まで並べておく必要がある。そして僕はこの「何か」の正体こそが「ストーリー」だと思っている。

ストーリーの定義はさまざまにあるが、僕はビジネスにおいてのストーリーを**「欲しくなり、話したくなるモノがたり」**と定義している。大切なのは「モノ」ではなく「モノがたり」であること。モノの周りにある語れる話こそがストーリーになるわけだ。もちろん「欲しい」は「行きたい」とか「参加したい」とかいう言葉にもなるし、モノがたりがコトがたりであることもあるのでそれは各自が仕事に合わせて変換してほしい。

ここで、まずはひとつ頭の体操をしてみよう。以下の3つの中で最も欲しくなるヘッドフォンはどれか？

1：先端技術を使い高品質な音を届けるヘッドフォン
2：アップルが30億ドルもの大金で買収したブランドのヘッドフォン
3：カリスマ「Dr. Dre」が生み出し、多くのヒップホップスターが
　　愛しているヘッドフォン

　おそらく1を挙げる人は少ないだろう。先端技術も高品質も「違和感」がなく、誰かに話したくならない。それに対し、2と3はどうだろう？　アップルがどうしても傘下にしたいと願ったブランドなら凄そうだし、ドクター・ドレーは知らなくても多くの有名人が愛用しているなら、これまた欲しくなるかもしれない。実はこの3つはどれも「Beats by Dr.Dre」の正しい情報だが、伝えるストーリーによってブランドの捉え方が変わるし、購買意欲も変わる。

　その他にも、99セントで購入した置物に「その置物の作家の父にまつわるフィクション」をつけて売ったら62ドルになったという話もある。言葉だけで価値が60倍にもなる。それがストーリーの力だ。もちろん嘘はいけないが、**ストーリーは「欲しい」という思いを加速させ、広げる力を持っている**。例えばファッションブランドのエルメスは「馬具メーカーが始まりなので皮の扱いは超一流」「グレース・ケリーなど有名女優も愛用した」「一度買えば一生直してくれる」などさまざまなストーリーを持っていて、それらが人から人へと伝播し、超一流ブランドとしての地位を築いてい

る。ルイ・ヴィトンは新進気鋭のファッションデザイナーであったマーク・ジェイコブズやヴァージル・アブローをクリエイティブ・ディレクターに招いたことで、革新的なデザインストーリーをブランドに取り込み、一気に最高ランクにまで駆け上がった。

日本ではAKBが「会いに行けるアイドル」を基軸に、買えば会える『握手券』や自分も参加できる『総選挙』というストーリーでファンの心を摑んだし、木村拓哉さんがドラマの撮影で着るとそのジャケットの売上が伸び、世界に数百台しかない吊り編み機で1時間に1mのスピードで丁寧に編み上げた極上のスウェットと聞けば飛ぶように売れる。それは立ち止まらせる力のある「違和感」と引き込まれる「奥行き」があり、結果的に「欲しくなり、話したくなる」からだ。

今や全米No.1の靴流通メーカーとなったZapposのストーリーもすごい。まず「何度でも返品OK」は当時のD2Cでは異例だったし、亡くなった母の靴の返品に対し「お悔やみの花束を贈る」という神対応のカスタマーサービスも大評判となった。リピート率75％という奇跡の数字もこれらのストーリーが拡散した効果だ。

ストーリーとは商品やサービスに興味が生まれ、手にしたい衝動に駆られ、手にした時に語りたくなるような物語すべてを指す。そこに定型はなく、時代によってもブランドによっても変化する。今や世の中は多種多様なカタチのストーリーで溢れ、その中で僕たちは生きている。まさにモノを売るのではなく、モノがたりを売る時代——それを意識するか否かで仕事は大きく変わるだろう。

「欲しくなり、話したくなるモノがたり」が あると、仕事は広がり商品は売れる。

不満の解決につながる話で〈ストーリー〉を生む

購買のスパイラルを生む
ストーリーとは?

デザインとストーリーは、現代のマーケティングを考える上で極めて重要なキーワードだ。このうちデザインの重要性はビジネスにおいても周知され、デザイン思考などの広まりで経営層だけでなく一般のビジネスパーソンにも浸透した。デザインがただビジュアルや形を生むものではなく、仕組みや進め方までを表す言葉だという理解も広まったと思う。これに対してストーリーは、まだビジネスの場で、的確な意味や効果が十分理解されていない。

ストーリーが必要と言う人でも、「あるとなんかいいもの」くらいの感じに留まっている。先ほど、ストーリーは「欲しくなり、話したくなるモノがたり」だと定義したが、その中にストーリーの機能を的確に表現する言葉がある。それが**「話したくなる」**だ。

以前、USBフラッシュメモリの開発者であり大尊敬している濱口秀司さんとお会いした時**「商品は機能で生まれ、デザインで革新し、ストーリーで拡散する」**という話で盛り上がったことがあるが、**ストーリーの主たる機能はまさにこの「拡散」**。外に発信したくなる欲求を刺激し、人から人へと拡散していくコミュニケーションを生み出すことだと僕は思っている。すなわち、ストーリーとは商品やサービスを拡散する装置。「話したくなるモノがたり」というわけだ。

そもそもどんな商品にも機能がある。ただのTシャツのように何も機能がなさそうに見えても、「着ることで肌を守り人に見せる」という服の本質的機能があるし、アートですら「存在することで人を癒やす」などの機能があると言える。商品は機能で生まれるわけだ。ただ売れるとは限らない。機能がそもそも「欲しい」ものでなければ消費意欲をそそらないし、良い機能であってもありきたりでダサいデザインだと売れない。

そこで機能に良いデザインを足す。するとダイソンやバルミューダのように売れる商品が生まれる。そこにさらにストーリーが加わると、加速度的に話題が広がり、より広範囲に売れるようになる。これがいっときだと流行で、売れ続けると定番となりブランドとして定着する。でもなぜストーリーがあるとそうなるのか？

ストーリーが、買ってもいいと思える「理由（納得材料）」を与え、誰かに話したくなる「話題（説得材料）」を生むからだ。

その相乗効果で「**欲しくなる→買う→話したい→情熱を持って話す→相手が説得される→欲しくなる**」**という購買のスパイラル**が機能し、「欲しい」の渦が広がっていく。SNSの時代にはそのスパイラルが加速するからこそ、ストーリーの重要度はさらに増しているわけだ。

☞ どのようにストーリーを生み出すか

実はストーリーにはいくつかの法則があり、その法則を知っていれば誰でも容易につくれる。その第一法則は、「**モノ周りの情報から不満の解決につながる話を探ればストーリーにたどり着く**」だ。ストー

リーとは「欲しくなり、話したくなるモノがたり」だが、何度か話しているように、「欲しくなる」ためには不満を筆頭に、「不」の解決を目指すことが大切になる。

例えばエルメスの「一生、修理してくれる」は、高い買い物をしても壊れてしまったらどうしようという不安を解消し、メゾンのモノづくりへの自信と信頼につなげているし、「エルメスのロゴストーリー（馬車［エルメス］と従者［職人］が描かれているのに御者がいないのは、あなた［顧客］がエルメスを自由に使ってくださいという顧客中心主義を表している）」は、**過去に高慢なブランドの態度に辟易していた人々の不満を解消する力がある**。

このようにモノ（コト）周りの情報と不の解決がつながるのが重要。無論、ただ商品や企業がすごいという話だけではストーリーにはならない。例えば世界一水が綺麗な場所に工場があることは半導体にはプラスだが、バッグにとって意味がない。Zapposの「何度でも返品できる」もECにつきまとう「サイズが合わない」「実際に目で見て判断できない」という不満を解消しているし、カスタマーセンターの神対応も、一般的な「塩対応」に対する不満の解消に加え、人を感動させる企業姿勢をしっかりと伝えているからこそストーリーになる。

時代はスペックの時代からストーリーの時代へと移った。機能だけでは戦えないし、デザインを追加しても限界がある。やはり世界を動かすのはストーリーなのだ。

「ストーリーの第一法則」を使って
自分らしいストーリーを構築しよう。

逆境は
ストーリーのご馳走だ

「知りたい→うれしい→話しやすい」
かどうかを検証する。

ス トーリーをつくっても、それが筋の良いストーリーかどうかを
判断するのが難しい場合がある。「つくるよりも選ぶほうが難し
い」というのがストーリーに付き物の悩みだ。

僕の選ぶ基準は2つある。1つは、僕が「ストーリーの第二法則」
と呼んでいる判断方法で、**「知りたい→うれしい→話しやすい」かど
うかを検証する**こと。2024年に世界進出を果たした「Ado」は、ま
さにこの3つのワードを体現するアーティストだ。友人の音楽関係者
たちがこぞって「世界レベル」と絶賛するように、その抜群の「歌唱
力」はなによりの武器だが、顔出ししない秘密めいたスタイルがもっ
と「知りたい」という人の興味をそそるし、メジャーデビュー曲「う
っせぇわ」のように本音の代弁者としての立ち位置が「うれしい存
在」でもある。また楽曲タイトルやコラボ相手、場の設定、ステージ
設定など、Adoにまつわるすべてが「話しやすい情報」で構成され、
どんどん人に話したくなる連鎖を生んでいる。**まさに「知りたい→
うれしい→話しやすい」が熱狂的に生まれているストーリーの怪物**だ
ろう。

もう1つの選択基準は、**「居酒屋で話題になるか?」**。居酒屋はゴシ
ップや身近な人間関係の話題で溢れているから、そこで口の端に上る

のは至難の業だ。だからこそ僕は居酒屋を「ストーリーの天下一武道会」と考え、実際に飲み会で話してみたり、想像したりする。その中で **「えっナニ!?→へえ面白い!」の「間」をつくれれば勝ち**。「欲しくなり、話したくなる」心の動きを生み出すことができれば最高のストーリーだと判断できる。これは誰もが簡単にできる精度の高い検証法なので、ぜひ試してみてほしい。

　さて世界の歴史を見ると、そこにはたくさんの名ストーリーが見えてくる。例えば、今でもよく聞く「アメリカンドリーム」という言葉もストーリーの2つの法則を軽くクリアしている。この言葉が自然発生したと思っている人もいるだろうが、**実はヨーロッパから新大陸へと人を呼び込む政府のキャンペーンスローガンだった**と言われている。出自や身分が厳格な当時の保守的なヨーロッパに対し、アメリカは「生命、自由、幸福の追求の権利」（独立宣言）があるからドリームを見られる！　と広めたという説が有力だが、まさに欧州の不満を解消しつつ、アメリカを「欲しくなり、話したくなる」ようにストーリーを生み、パブでも「話しやすいスローガン」で仕上げた奇跡的なキャンペーンだったと思う。

　事実、アメリカは「ストーリー大国」だ。ケネディ大統領が「アポロ計画」という夢で国民を熱狂させたり、ITの集積地を「シリコンバレー」と謳って企業を集めたり、ミュージシャンのエミネムがどん底から這い上がったサクセスストーリーで世の中の支持を集めたり、「強いアメリカ」を掲げたトランプが大ブーイングにもかかわらず混迷するアメリカを束ねたりと、ありとあらゆるストーリーにあふれている。興味のある人は調べてデ

American Dream

コンしてみてほしい。きっと自分のストーリー開発に役立つと思う。

☞ 逆境はチャンスに変えられる

　さて、近年の大きな潮流でいうと、マイノリティの持つストーリーの力が強くなっていると僕は感じている。これからの時代は、人種、性別、出自から、趣味嗜好に至るまで、これまでマイナーとして扱われていたところにこそ光があたり、

ニッチだが普遍性のあるストーリーがどんどん見出されていくだろう。

　今や、虎へび珈琲のように、世界中のファッションブランドがコラボを願うコーヒーショップも生まれている。アジアに1店舗しかないコーヒーショップのほうが全世界に展開しているコーヒーショップよりも価値があるというわけだ。その意味では、**メジャー化しないほうがブランドになりやすい時代**と呼べるかもしれない。

　マイノリティへの興味関心が集まることを広く捉えると、**「逆境はチャンスに変えられる」というストーリーラインも見えてくる**。ストーリーの第一法則で述べたように、不満はストーリーの母だ。強いストーリーは常に強い不満の裏返しで生み出される。そしてそれは強いモチベーションを生み出す。その意味で「逆境」はストーリーにとってはご馳走なのだ。

　ビリギャルが底辺からコロンビア大学へ進学して称賛されたり、アイドルグループのFRUITS ZIPPERが挫折から武道館へと駆け上がってファンの涙を誘ったように、**逆境が生むストーリーは人の共感を生み、応援したいという感情を生み出す**。

その昔、ロサンゼルスのスタンダードホテルに宿泊した際、最上階のプールで違うタイプの"逆境"に出会ったことがある。ルーフトッププールの目の前にビルがあり視界がないのだ。これはヤバいと思ったが、次の瞬間それは喜びに変わる。なんとそのビルの壁面に映画を映し始めたからだ。これには感動しプールに入りながら見入ってしまった。まさに違和感と奥行きがあった。プチな"逆境"かもしれないが、その状況を逆転したアイデアは、多くの人に話したい極上のストーリーだった。

☞ ストーリーには「型」がある。

　ここまでストーリーについて、その定義やつくり方の法則、さらに検証方法なども話してきたが、ここで改めてストーリーのフレームワークをお話ししておこう。ストーリーの型は6つ。

　まず「**①不満解決型**」。本書でもよく取り上げているように、日常にある「不」を解決してプラスの幸せを生み出すことで共感を生む方法だ。「**②チャレンジ型**」。逆境からの成功とか、ジャイアントキリングがそれ。一度ダメになったアップルにジョブズが返り咲いたストーリーが初代iMacの販売を押し上げたのは有名。「**③権威推奨型**」は第三者が推奨することで期待値を上げるもの。最高金賞やグッドデザイン賞、また権威のある人のお墨付きや有名人の応援などもそれにあたる。「**④ファクト発掘型**」は、まだ知られていない重要な数字や事実を再発見して世の中に出すもの。この領域では世界一とかダイソンの「吸引力が変わらないただ一つの掃除機」もファクトをストーリー化した例だ。「**⑤体験共感型**」は過去の流行のような共通の体験や実体験に即してその感動を伝えるストーリー。強い共感と興味を生み出すことができる。最後に「**⑥サステナブル型**」。これが最も新しい

ストーリーの型。脱プラとかカーボンニュートラルはここに入る。

　もちろんこれ以外の型もあるが、まずはこの6つをベースに魅惑的なストーリーを考えるとよいだろう。

　さて最後にもう一つ。あなた自身のストーリーについて話そう。

　もしあなたが今、仕事でうまくいっていないならそれはチャンス。その逆境から這い上がることで多くの人の心に刺さる強いストーリーを生み出すことができるからだ。

　あるいは今、必ずしも困難な状況ではないのなら**あえて「制限をかけて」**みよう。少ない色だけで描くほうが面白い絵を描きやすくなるように、自由をあえて制限するほうが面白いストーリーが生まれやすい。Adoは「顔を出さない」という制約があるからこそ斬新なライブ表現へと行き着いたし、大谷翔平は英語を話さないことにより、逆に孤高の精神性を持った存在であるイメージを加速させている。

　僕は、**制限は飛躍への扉であり、ハンデは可能性の拡張であり、逆境は最高のスタート地点だ**と思うようにしている。人は、できることが少なくなるとその中でなんとかしようというクリエイティブマインドを発動させ、想像もしていなかったストーリーを生み出す力を発揮する。もし今の仕事が不自由ならあえてその条件を楽しもう。最初から自由な条件で仕事ができる人などいない。その状況を楽しむか嫌うかで未来は変わるのだ。

**6つの型にあてはめてストーリーを考えてみよう。
人の心が沸き立つ瞬間のそばに
ストーリーがある。**

一部を依頼されたら、全体の夢を魅せよう

「木を見て森を見ず」も、「森を見て木を見ず」もダメ

「**説**明はいらん。夢を魅せろ」

それは、大先輩に何度も言われた言葉だ。プレゼンテーションをする際、気合が入れば入るほど自分たちが考えたことを事細かに話したくなるのは誰しも同じだと思うが、昔の僕はちょっと度が過ぎていた。ある飲料の競合プレゼンでは資料だけで150ページを超えてしまったことがある。持ち時間が20分しかないのに。

そこで大先輩が「これいらない、これとこれまとめる」とバッサバッサ刈り込み、結果的に20ページぐらいになった。大先輩曰く、「**お前は説明したいのか？　それとも選ばれたいのか？　もし後者なら、ワクワクさせないとだめだ。ワクワクしない説明はいらん！**」。

確かにそうだ。まさに「木を見て森を見ず」だったと僕は思った。細かなアイデアの説明ばかりに囚われて、選ぶ人の気持ちを考えてなかったのだ。

そこで「ワクワクする未来のビジョンだけを話すプレゼンにするぞ！」と思ってトライした。が、すべて負けた。細かなアイデアをすべて切り捨てた「森を見て木を見ず」も通用しないわけだ。その資料を大先輩に見てもらったら笑いながらこう言われた。「木も見て森も見るだろ？」。

☞ 木も森もどちらも大切

　プレゼンは、人の心を動かすもの。つまらない説明は論外で、ワクワクさせることが最も大切だ。でも、ワクワクする未来を話すだけでは、ただの空想で終わる。「どうやって実現するの？」という聞き手の疑問に応えないと、相手の心は動かない。

なるほど、このアイデアなら自分たちの力で実現できそうだ！　という納得感があって初めて、その未来を実現してみたいという欲求が生まれる。

　だからどんなプレゼンでも、森の未来という大きな夢を魅せつつ、木を育てるアイデアを具体的に話す。木も森もどちらも大切なのだ。そう肝に銘じた数年後、独立したての僕に、その考えを活かせる提案の場がやってきた。それが先にも触れたイオンレイクタウンのプレゼンだった。求められた提案箇所は、大きなショッピングセンター内の小さな広場（後の「花の広場」）の名称を考える仕事。つまり森の中の木の提案だった。

　でも僕たちのチームは、**広大な施設全体のビジョンとコンセプトを勝手に考え、そこに入る店や人々の気持ちまで考え抜いて、必要な名称やデザインを提案し、その上で依頼された広場の名称も提案した。**つまり大きなストーリーとしての「森のあり方と名前」をつけた上で、その体験にふさわしい「木の名称」をつくったわけだ。

　そのプレゼンはあろうことかそのままイオンの岡田社長に提案され、すべてこれでいけ、という号令がかかることになった。その日を境にして、僕の会社には何十名ものイオンの開発の方々が訪れることとな

り、そこから怒濤の日々が始まった。

　僕たちのチームが提案したのは、AEON LakeTown という名称やそのロゴデザイン。THE ECO MALL OF JAPAN（日本一のエコショッピングセンター）というビジョンや「シゼンに心地いい、ワタシに心地いい」というスローガン。さらにコンセプトに即した「kaze」「mori」という館の名称（もともとはA棟・B棟）をつくり、電気のバスを走らせようとか、エコアートを飾ろうとか、かっこいい車椅子を開発しようなど……すべてを最初から提案した。

　最初の依頼は施設内の1つの広場の名前の依頼だったのだから、**本来必要とされていない提案だったが、結果すべて実現した**。木だけでも森だけでもなく、木と森を同時に見せることで、誰もがリアルに想像してない未来を、ワクワクしたもので見せられたからだと思う。

　僕の会社は、今ではいくつものホテルや商業開発、施設開発に関わっているが、このイオンの採用がすべての始まりだった。はっきり伝えたいのは、**余計なお世話だとか、逸脱した提案とか言われてもいいから、全体を見渡した、大きな夢を提案し続けようということ。いらないと言われるがへこたれず森と木を提案する**。きっとそれが未来を生み出す。このイオンレイクタウンはその後、世界的なSCの賞を取り、今もなお、来場者数を更新している。

木も見て森も見る。
考えられる範囲はすべて考えよう。

魚釣りをしている人に
魚を渡してはいけない

目的を見つけられれば
手段はあとからついてくる

目的と手段を混同する——それはどれだけ仕事に慣れているベテランでもしばしば陥るワナだ。良い広告をつくるためにスケジュールを設定したのに、進行が絶対条件になりクオリティに影響が出てしまったり、宿泊者の満足を生むために部屋を100平米以上に設計したのに、広くすることで高額な部屋プランになり、結局満足度が下がったり……混同した例は枚挙にいとまがない。

人はイメージより数字、未来よりも今、目的よりも手段のほうに気を取られやすい。だから仕事をする時は常に目的に立ち戻って行動する必要がある。

魚釣りをしている人に魚を渡してはいけない——これは僕がよくチームのメンバーたちに言っている言葉だが、目的と手段を混同しないよう意識化するのにちょうど良いたとえだと思っている。相手の立場に立てば、魚が欲しいのではなく、魚釣りがしたい（＝目的）とわかるのに、**自分勝手に考えて、魚を渡す（＝手段の間違い）ようなおせっかいをやらかしてしまう**。この場合なら、魚釣りがよりワクワクしてかつ釣果につながるよう、穴場ポイントの情報やいい撒き餌を渡したほうが喜ばれるだろう。

このような混同のワナに陥らないためには、アイデアを考える折々

139

で、本来の目的は何か？　相手は何を望んでいるのか？　に立ち返ることが大切だ。いちいち面倒だな、と思うかもしれないが、そのほうが確実に早く目的を達成できる。

☞ 手段が決まっていて目的がないケースでは?

　最近「ADR（客室の平均販売単価）が2万円ぐらいのホテルなんですけれど、何をつくればいいか？」という相談が来てびっくりしたことがあった。先に販売単価という手段だけが決まっているのには恐れ入ったが、「市場調査をして価格は設定できたのですが、どんなホテルをつくるかが想像できない」という。

　そこで僕はまず**「そもそも思考」で質問を重ねていった**（こういう課題が不明瞭な時でも有効なアプローチだ）。

「そもそもなぜこの街に泊まりたいのか？」
「大規模なイベントが近くでよくあります」
「そもそもどういう人がそのイベントに来るのか？」
「医療とか技術系の学会の方が多いようです」
「そもそもその人たちが何を望んでいるのか？」
「美味しい食事をする場所がないので困ってるそうです」
「そもそもどんな食事が望みなのか？」
「お年寄りが多いので和食ですね」……

　これらを踏まえると、ホテルの目的は「コンベンションで疲れた年

齢の高い人たちが、美味しく食事をしてゆっくり睡眠をとり朝に活力を持って出かけられる場所をつくる」ということになるが、このようなゴールがなければ、ホテルの機能（部屋数や大浴場などの設置）やレストランの種類や方針、ベッドの広さ、朝食のあり方、壁紙などの色、客室単価……のような手段（内容）を決める手だてがない。逆に**向かうべき場所がはっきりしていれば、適切な手段を思いつく**わけだから、やはり最初に目的（ゴール）をしっかり設定することが大切になる。上記はホテル開発のワンシーンだが、これはどんな仕事にも当てはまることだろう。

「目的を見つけよ。手段は後からついてくる」というマハトマ・ガンジーの言葉がある。現代風に言えば、WHYを見つければ、HOWは自然についてくるということ。

僕がずっと心に留めている言葉だが、必ず先にWHYを設定し、後からHOWを議論するようにしたい。「なぜ必要なのか？」のゴールをしっかり捉えれば、仕事をしている間に立ち返る「未来」が見えて、目的と手段を混同することはない。

**目的と手段を取り違えると、
ただのおせっかいやミスリードになってしまう。
WHYという目的から先に考えよう。**

プレゼンのラスボスは、子ども！

迷った時は
「子どもプレ」してみよう

僕が遭遇した、人生で最もしびれたプレゼンについてお話ししよう。2014年、孫泰蔵さんが創設した「VIVITA」の創業を直前に控えたプレゼンでのこと——。盟友でVIVITAの創設にも参加していた宮田人司さんが「子どもたちが自ら未来を切り拓く力を生み出す場なんだから、子どもも入れてプレゼンしよう」と提案し、6歳の子どもも参加することになった。

　当日、数十枚の企画書でプレゼンした僕を待っていたのは、その子の屈託のない笑顔から発せられる **「ぜんぜんわかんな〜い」** という言葉。しどろもどろになった僕に対して、「なんでこんな難しい話が必要なの？」という問いが追い打ちをかける。これまでカタブツと言われた社長や大企業の役員たちに通用したロジックがまったく通用しない！　僕は歯がガタガタして、目が泳いだ。

　普段いろいろなシーンで「ワクワクする未来」とか「人生思考」の話をしているのに、今回の主役である「子どもたち」の人生やワクワクを考えず、既存の大人の方法を振りかざしてしまったからだ。僕はその時、**これまでのプレゼンの成功体験が細胞に染み付いていて、本質的な課題に到達できなくなっていた**ことを深く反省した。

　孫泰蔵さんは常に **「ラーンよりアンラーン（すでに持っている知識の**

リセット）が大切」と教えてくれるが、

成功体験を一度ぶっ壊さないと、今本当に必要なアイデアは生み出せない。

　ゼロから1を生みたいなら、一度マイナスぐらいにならないとゼロの地平は見られない。例えば、タクシーや既存の交通機関のサービスの常識に囚われていればUberは生まれなかっただろうし、ホテルや旅館を改善するという発想からはAirbnbは生まれなかっただろう。世界を変えているものの多くは、実はアンラーンの地平から生まれている。**ゼロ地点から未来を見てはじめて生まれるアイデア**がある——その力を発揮しやすいのは子どもの目線だと思う。

　子どもたちには大人の知識はないが、クリアな視点があり、世の中のしがらみに囚われない柔軟な発想がある。それは大人が得たくてもなかなか手に入らない宝だ。もしプレゼン内容が行き詰まったり、提案に悩んだりしたら、一度子どもを相手にプレゼンしてみてほしい。その思わぬ反応や素朴な指摘は、悩みを吹き飛ばす突破口となるかもしれない。

　最後に、その「子どもプレ」を体験して考え直した僕は、説明よりも子どもたちがワクワクする言葉を生むべきだと考え、「Hello! Innovation」というキーワードを出すに至った。そしてその子も「ワクワクする！」と言ってくれたことを記しておきたい。

子どもの素朴な視点に立つと、ゼロ地点からの未来が見える。

「伝える」から
「伝わる」へ

「伝える」はエゴ、
「伝わる」は愛

僕が最も大切にしているコミュニケーションの極意、それが「伝える」から「伝わる」へ。情報として相手に伝えて終わり、ではなく、**人の心を動かし、行動へいざなうことまで視野に入れた思考ツール**だ。

これを理解するのに最良の例は、誰もが子どもの頃に耳にしたことのある「お化けが出るぞ！」という言葉だ。幼少期の僕なんかは、扉の暗闇の向こうに恐ろしい怪物がいるのではないかとブルブル震えたものだが、実はお化けの物語は子どもたちを救うためのものだったという。

ある民俗学者によると、お化けの物語の起源には、灯りがなく真っ暗な夜に子どもが外出して池に落ちたり、危険な動物に遭遇して死なせないための役割もあったらしい。昔から「夜に笛を吹くとヘビが来る」と言われるのも、なまはげが「悪い子はいねえが」と家に来るのも、つまりは「良い子にさせる」ための行動デザインだ。

伝えるという姿勢なら、「夜は危ないから外に出るな」で事足りるが、奔放な子どもにそれは通用しない。だから行動を抑制するために「恐怖」という感情をうまく使ってきたわけだ。

楽しんだり、怖がったりしているうちに自然に行動が良いほうにデ

ザインされていくなんて、**秀逸なコミュニケーション法だと思う。**

　僕がこの「伝える」から「伝わる」へという意識を強く持ったのは、娘がまだ小さい時に一枚の絵を描いたのがきっかけだった。その絵が気に入った僕は、たくさん描いてほしくて「もっと絵を描いてみれば？」と何度も促したし、クレヨンや色鉛筆などを買い揃えたが、さっぱり描かない。だが、**その一枚の絵を立派な額に入れて飾ったら、娘は俄然描き始めたのだ。**

　娘にとって、絵を褒められるのは恥ずかしいけど、額に飾られることは嬉しくて絵を描くモチベーションになったのだ。つまり、

こちらの思いが「伝わる」ためには、相手の中にあるトリガーを動かすアイデアが必要。決して「○○してほしい」と「伝える」ことではない。

「伝わるアイデア」を考えることは、一見、遠回りのようでいて、実は最速で「自分ごと化」を促す行動デザインとなる。まさにすべてのコミュニケーションの骨格となるべき思考ツールだ。

☞「伝える」ばかりに熱心だと……

「伝わる」アイデアは相手へのリスペクトと愛情がなければ考えられない。例えば相手が好きだという思いを伝えたいからといって、人混みで「大好きだ！」とか大声で叫んだら間違いなく嫌われるだろう。常に相手の立場からモノ・コトを見て（世阿弥の言う離見）、自分の行為が独りよがりなエゴになっていないか冷静に見る（離見の見）必要があるわけだ。

端的に言って、**「伝える」のはエゴで「伝わる」のは愛**だ。個人的な印象では、「伝える」ばかりに熱心な人（や企業など）は、「相手のために」という言葉を使うことが多いが、相手のためにすることは、ほぼ自分がやりたいことだし、そういうタイプの人たちが用意する資料はムダな記載が多く、実に読みにくかったりする。

　以前、ある都市開発で見た住民への説明資料には、相手のためにと思ってなのか、やさしそうなイラストやかわいい絵が溢れていたが、文章そのものはデベロッパー特有の専門用語やカタカナ英語だらけで笑ってしまった。僕は「顔だけ笑って殴りかかるような資料ですね」と思わず嫌味を言ってしまったが、この手の「お化粧だけして中身が伝わらない」資料が世の中に溢れすぎている。

　特に難しい仕事で相手の共感を得るには、相手の立場に立って考えることが大切だ。「これは前提知識がないとわからないだろう」「これは受け手の気持ちを考えると言いすぎだ」などの視点は強く意識すべきだと思う。僕は若者に企画書のコツを教えるときによく、**「わからせるのではなく、わかってしまう」**ように書いてくださいと言う。なぜなら、相手がなんの苦労もせずにスーッと理解できる企画書こそが理想だからだ。そのためには、**簡単そうに見せるのではなく簡単にわかるようにすべきだし、仕方ないから読むのではなく自分から読みたくなるように書くべき**だ。それはとても難しいが、「伝える」から「伝わる」への精神で考えればできると思う。

**相手の心のトリガーを動かすのが
「伝わる」コミュニケーション。
"自分ごと"になると、自然に行動へとつながる。**

ビジネスに
「アフォーダンス」を

思考をがんじがらめにする鎖を
解き放とう

建築デザインの世界でよく使われる言葉に「アフォーダンス」というものがある。正確な意味は「情報は環境に存在し、人や動物はそこから意味や価値を見出す」ということ。平たく言えば、「**そこにいてそれを見ることで〈思わずそうしてしまうデザイン〉**」。これはまさにデザイン界の「伝わるアイデア」だと思う。

プロダクトデザイナーの深澤直人さんの「換気扇のようなCDプレイヤー」がその好例だ。ただ換気扇のような紐がついているだけで、「ここを押せ」とか「ここを開けろ」といったマークも一切ない。でも**誰もが思わずその紐を引いてしまい、CDを回し、音楽を聴くことができるデザイン**。世の中では深澤さんのことを「人の思いを可視化するデザイナー」と呼ぶが、まるで人の気持ちをすべて知っていてデザインするような方だと思う。

深澤さんのエピソードで一番好きなのは、ある邸宅で使う傘立てをデザインしてほしいという依頼にもかかわらず、傘立てをつくらなかったこと。曰く、「溝を玄関の隅に、壁から10cmほど離して、壁と平行に引けば、傘立てになると思った。訪れた客は傘立てらしきものが見当たらないので、その溝に傘の先を当てて立てるだろう。私は傘立てをデザインし、客は結果的に傘を立てるという目的を達したことに

なる。しかし、そこには円筒のような傘立てらしき物体の存在はないということだ」(「新美術情報2017」より)。

深澤さんはこの方法論を「**Without Thought**」=**考えないデザイン**と呼んでいるが、まさにこれがアフォーダンスだ。「傘立てをつくれ」→「はい、つくります」というのでは形の違う傘立てしか生まれない。誰かがつくった「傘立て」のカタチを踏襲して傘立ての存在を伝えるのでは、革新は生まれない。まさに「伝える」という発想は、思考をがんじがらめにする鎖なのだ。

それとは逆に「伝わればいい」と考えれば、今回の「傘立て」のような革新が生まれる。例えばクルマでもアイロンでも歯ブラシでも、機能が伝わればいいなら、既存のカタチから解放されるし、これまでにない方法でより優れたアイデアも生まれるだろう。「伝わる」という発想は革新的なアフォーダンスを世界に広める鍵なのだ。

☞ 行動デザインとしてのアフォーダンスを!

さて、この話は建築やデザインだけではなく、もちろん普通のビジネスにも応用できる。

「伝わる」アイデアを模索するという姿勢があれば、まさにアフォーダンスのように、カタチに因われず、より心地よく、よりスピードを上げる答えに到達できる。

昔ある街の広報の仕事が来た時、街の人が幸せになる広告のコピーを考えてほしいという依頼に対して、僕は「**1億の広告をつくるより1億で噴水をつくりましょう**」と提案した。そのほうがきっとみんな

が集まるし、長く愛されるし、幸せな笑顔があふれるからだ。

　また、ある飲料メーカーから企業広告でSDGsを謳いたいと言われた時は、**「サステナブルに運営できるフェスをつくって人を幸せにしましょう」**と提案した。一過性の広告よりも長年愛される祭りのほうがリアルにサステナブルを体験できると考えたからだ。いずれも時代から早すぎたのかプレゼンが通らなかったが……。

　実はプレミアムフライデーもこの「アフォーダンスで伝わる」アイデアを求めて生み出したものだった。経済活性をゴールとしながらも、直接的に効果がある「商品券」配布などの無理はせず、**「月末金曜3時帰り」**により**「お金を使う時間を生み出す」**ことを選んだのは、よりサステナブルに、より長期的な経済活性化につながる「無意識的な行動をデザインすること」が必要だと思ったからだ。

　まさに、相手の思いに寄り添った「伝わる」コミュニケーションの賜物とも言える。このように僕は仕事において常日頃から、「相手の立場に立っているか?」と愚直に自問自答しながら、できるだけ付加要素がなく、自然に行動を誘発するようなアイデアを出したいと思っている。皆さんもぜひ、アフォーダンスを仕事に応用してほしい。

「伝える」のが目的ならただ言いたいことを
言えばいいが、「伝わる」ためには
相手の立場に立ったアイデアが必要だ。

名付けは、魔法の杖

理解しやすい、行動しやすい
生きやすい

名　付け"はビジネスにおける魔法の杖だ。名前にはとてつもない言葉のパワーがある。

　もう30年も前だが、あるお父さんが、娘の顔がどんどん化粧で黒くなるのを嘆いていた時、娘が「コギャル」というものになって、そのしきたりが「ガングロ」なんだと聞いて心から安心したという話があった。娘だけおかしくなったのではないか？　という強い不安が、**コギャルという属性名とガングロという行動名により、"みんなと同じ"という安心に変わった**わけだ。人は、得体のしれないものや現象でも、名付けられると安心する傾向がある。

　また中学生の頃には、授業中にずっとくしゃみをしていた友達がいて、いつも周りから「うるさいな」と言われていたのだが、ある日ニュースで「花粉症」が報道されると、途端に「俺、花粉症なんだ」「それは大変だね」という会話に変わったのを覚えている。

　最近、クリエイターの多くが過去を振り返って「自分はADHD（注意欠如・多動症）だった」と告白することが多いが、これも「ADHD」という名を得たことで、自分でもよくわからなかった生きづらさに市民権を与えられたからだと思う。

　このように「名前」ひとつで周りの態度や自分の行動が変わること

はままある。それは、**名前が不明確だった領域に「属性」をつくり、社会の中での理解や行動を促す**からだ。何かわからないが辛い症状で苦しんでいる人も病名によって「症状」として周りに理解されるし、これまではただ好きで追いかけていた対象が、「推し」という名前がつくことでより人生を豊かにしてくれる存在に変わったりする。

　また、名前は流行のもとにもなる。写真で自分を可愛くする行為も「盛る」という名前がついたことで流行になったし、アニメでもない舞台でもない間の領域も、「2.5次元」と名前がつくことでカルチャーの真ん中に躍り出た。これら2つも名前がなければここまでのムーブメントにはならなかっただろう。

☞ 名前がつくる3つの世界

　僕は名前が3つの世界をつくると思っている。それは、

「理解しやすい世界」「行動しやすい世界」「生きやすい世界」の3つだ。

　ガングロや花粉症は「理解しやすい世界」の例だし、SDGsは「行動しやすい世界」、LGBTQは「生きやすい世界」をつくった名前だろう。サステナブルという形容詞も世の中に大きな目標を生み出した**「行動しやすい世界をつくる名前」**だ。この言葉がなければ、「未来を考えて消費しすぎず、ゴミを出しすぎずリサイクルする大切さ」を一から説明せねばならず、社会の合意事項として一丸となって進むこともできなかっただろう。そういう意味では「NFT」や「AI」も複雑な概念を名前化することで世界的なムーブメントを生み出したと言える。時に名は、本質的な意味が理解されないままに旗印としてひとり

歩きしてしまう危険もあるが、それでも社会全体で理解や行動を生み出したい時に絶対に必要なものだ。

ただ、ビジネスで「名前」のパワーをそこまで意識している人は少ない。何かプロジェクトを進めたり仕事の計画をつくろうとする時、最初に名前をつくる人は少ないけれど、それは大間違いだ。**名前は「あったほうがいいかな」ではなく「ないとダメ」なもの**。会議名を「共感するもの」にするだけで人の行動が変わるように、特に大事な計画やプロジェクトには絶対に名前が必要だ。

例えば、僕が最も好きなキャッチコピーであり計画名称でもある「国民所得倍増計画」は、その言葉だけで日本中を奮い立たせ勇気を生み出した。あくまで「計画」だから努力目標だが、頑張れば「所得が倍になりそう」という夢を生み出したことで、明確に日本を元気にした最高の名前だと思う。これがもし「国民の所得を増加させるための諸施策」だったら今の日本はなかったかもしれない。名前の違いは、それだけの違いを未来に生むわけだ。

名付けは武器になる。ぜひ、日々の仕事においても、自分の周りにある活動や会議を見直し、会社の中期経営計画などにも人を巻き込むような名前をつけてみよう。呼びやすくなるし、愛着も生まれ、理解と行動が促されるだろう。

名前は、理解と行動と生きやすさを社会の中で促進する。ビジネスに使わない手はない。

伝わる企画書は
「3つの姿勢」でつくる

企画書も読み物だ。
相手の立場に立ってチェック

プレゼンに「中身の正解」も「カタチの正解」もない。プレゼンの目的は、その時々、それぞれの相手の心を動かして、共に行動しようと思ってもらうことだから、万人向けの共通の中身があるはずもない。僕は孫正義さんの隣に座って手紙1枚でプレゼンしたこともあるし、ある時は、デザインコンペで和紙にプレゼン資料を刷って桐の箱に入れて出したこともある。映像だけの時もあれば、きっちり調査資料から書き上げて200ページを超えたこともある。つまり共通のカタチもない。**期待されている方向で想像を超えればなんでもいい**わけである。

ただし、**「骨格の正解」はある**。前にも述べたが、僕のプレゼンの骨格は常に「課題→未来→実現案」の方程式。プレゼンの中身となる企画や言葉や見せ方は千差万別で、企業やプロジェクトによって変えているが、骨格はどんな時も不変だ。

また、「つくる姿勢の正解」もある。ここで意識しておくとよい3つのポイントを挙げておこう。

1つ目は、**「もらった10分を『発見』で返す」**という姿勢。僕は、相手の10分は自分の10分よりも貴重だと考えているし、それがプレゼンをする姿勢で最も重要だと思っている。だから必要がない場合は

相手が知っている情報をわざわざ話すこともしないし、相手が「はいはい」と思うようなおべっかも言わない。もちろん**自分を大きく見せるための派手な言葉もすべて削ぎ落とす**。その代わり「発見」を連発する。とにかく相手が**「話を聞いてトクした」と思うプレゼンを目指す**のだ。

2つ目は、できるだけ**「ひらがなで書いてみる」**こと。日本には、英語の意味を理解せずともなんとなく使えるカタカナという便利な文字がある。デザインもコンセプトもインクルーシブもサステナブルですら正しく日本語で訳せないのに、プレゼンはそういう言葉のオンパレードだ。その昔、あるクライアントから広告代理店に向け「インパクトという言葉禁止」という通達があり、代理店の担当者が四苦八苦したという話を聞いて笑ったが、正直、それを笑えないほど企画書にはカタカナが溢れ、派手なだけの言葉に大切な企画が埋もれている。

必然性があるならよいが、意味もよくわからないのになんとなく使えば真意は伝わらないし、良い企画であるはずがない。だからこそ自分の企画書ではカタカナ用語は最小限にし、**なるべく「ひらがな」で書くようにしている。そうすることで嘘もまやかしもない企画書ができあがる**し、わかり易く伝わるようになる。

3つ目は、「→でつなぎチェックする」こと。先の「気づきの→」でも触れたように、僕は「→」を迷った時の頭の整理や企画開発にも使うのだが、実は企画書のフィニッシュでロジックを確認するために最もよく使う。やることは、企画書ができあがったらその項目や文言を「→」でつなぐだけ。それだけでロジックの破綻や訴求ポイントの漏れがわかる。プレゼンの前に「→チェック」すれば、伝わる企画書に進化するわけだ。

　以上、3つの姿勢をお伝えしたが、中身は自由なのだから、相手の立場に立って自分らしく工夫すればよいと思う。ただし「伝わる」企画書と「伝わらない」企画書ははっきりと分かれるので、そのことは強く意識してほしい。大切なのは、

企画書を書いていると、自分本位にいろいろと詰め込んでしまいがちだが、企画書も読み物だということ。

　つまり読む相手がいるわけだ。そう考えれば、文字ばかりの羅列だと読む気が失われるし、カタカナ用語が多すぎたり要点のわかりにくい企画書も論外とわかる。やはり相手側の立場に立って作成することが大切。僕は何度も失敗して今のやり方にたどり着いたが、常に「伝わる」ことを意識すれば自分流の企画書は書けるようになる。

**企画書は、言葉の無駄を削ぎ落とし、
カタカナ用語に頼らず、「→」でチェックする。**

名医はよく話を聴く

「共感、言い当て、問いかけ」で
同じ船に乗ろう

ク リエイティブ・ディレクターの仕事はしばしば医者に例えられる。**対峙する企業は苦しがっているが、往々にして「何が苦しいかわからない」状態で僕たちの前に相談に現れる**。だから僕たちはまずどんな病状で困っているのか「話を聴く」ところから始めるのだ。

　その昔、ある人から「名医はよく話を聴く」と言われたことがある。もちろん診断が的確とか執刀の腕が確かというのも名医の条件だが、不安な患者からすれば「しっかりと話を聴いてくれる」というのは何よりも信頼を生むし、そういう**会話の中にこそ本当の病因を探り当てる鍵がある**からだ。

　もちろん「ただ話を聴けばいい」わけではない。相手の立場に立ち、理解を深めることが大切だ。間違っても、いきなり「あなたの会社を調べたらこんなに問題点が多いから変えてください」などと切り込んではいけない。それは、病院で何の説明もなく「手術しましょう」と言われるのと同じくらい「恐怖」しか感じない悪手だ。

　また、これまでの経験で言えば、一見うまく団結しているように見える企業でも、実はバラバラになっていることが多い。各部署ごとで目先の業務をこなすのに必死だと、他部署と話すことも少ないし、一緒に乗っている船の方向を意識することは少ないだろう。それなのに

いきなり外部の人から「このビジョンで団結してください」なんて言われても、これまたどうしようもない。

まず必要なのは、現場の人たちとの個々の会話を通じて、その仕事がいかなるもので、何に誇りを持ち、何が課題で、どんな対応をしてきたのかを知ることだ。

働く人それぞれに個性があり、こだわりもあり、課題意識を持ち、それをなんとかしようとしてきた歴史がある。それを丁寧に把握し、信頼関係を構築していくことが、結果的にゴールへの最短距離となる。

それをひときわ実感したのは、開業1年前にコンセプト開発を託された京都の「GOOD NATURE STATION」だった。その事業にはそれまでにも別のブランドコンサル会社が入っていたが、開発チームはバラバラになり、破綻寸前で僕らに依頼が来た。正直3年はかかる開業準備に対してたった1年だからすごく焦ったが、僕たちはまず丸1ヶ月間使って、現場の開発担当の人たちにインタビューを行った。

☞ 相手の本音にたどり着くには

この時、信頼関係を得るために大切にしたのが、**「共感→言い当て→問いかけ」というインタビュー姿勢**だった。企業へのヒアリングに際して、インタビュアーの中には相手の話をさえぎって意見したり、「それじゃうまくいきませんね」と否定から入る人がいるが、まずは「なるほど」という**全面的な共感から入るべき**だ。「それは大変でしたね」「なるほど、そういう思いだったんですね」という言葉があるだけで、話す側は心理的安全性をもって深い事情を打ち明けやすい。

157

共感のあとは、**相手の思いの「言い当て」**だ。例えば「それだとチーム開発に苦労したでしょう」とか「その活動は○○を参考にされたんですか？」のように、こちらが深い興味を持ち、それなりの知識があることを伝えていく。言い当てが違っていても何も問題はない。「というよりも、実は……」と、その先の思いが明らかになるからだ。

　さらにその奥の**本音にたどり着くには「問いかけ」**が必要。例えば「その活動、全社的なプロジェクトにしたほうが良くないですか？」「商品開発をやりたいとは思いませんか？」など、その相手がやりたい思いを引っ張り出すことで、建設的な意思疎通を図る。

　重要なのは、「共感→言い当て→問いかけ」はテクニックではなく姿勢だということ。**相手と対峙した時に「もっとあなたを知りたい」という意識が伝わることが最も大切で、それが伝われば自ずとヒアリングは成功するし、同志となって同じ船に乗れる。**

　こうしたヒアリングを丁寧に実践した結果、それぞれの人が「体にいいもの」「地域にいいもの」を開発している物語を知り、そこから「Hello Good Nature, Goodbye Bad Nature（人や自然にいいものだけを提案する）」という全員が共感するビジョンが生まれた。1ヶ月のヒアリングを設けたのは開発の時間を削る危険な判断ではあったが、結果的に「GOOD NATURE STATION」を一丸となってスタートするための信頼関係を生み出せたと思う。

「共感→言い当て→問いかけ」には、ビジョンを生み出し、そこに賛同する仲間を増やすための普遍的な叡智があるのだ。

「間違いだから変えましょう」
では誰の共感も得られない。

聞くのが、プロ。
聞きすぎないのも、プロ

クライアントの言葉＝
「答え」ではない

CM界の天才、黒須美彦さんからプレゼンに関する大きな学びを得たエピソードを紹介したい。黒須さんはプレイステーションをはじめ、ローソンやキリンなど数々の名作CMを世に出した方で、僕は若い頃そのチームの末端でよく仕事をしていた。

サントリー「リピュア」のテレビCMの仕事でコピーライターに抜擢された時のこと──僕はここぞとばかりに張り切って、「わたしを洗う。リピュアする。」というコピーを書き、「女性ふたりが朝帰りに飲む」というユニークなCMをチームで提案した。

ところがプレゼンでは「もっとパッと明るくなるような企画がいいのでは？」と意見を返されて、あっけなく撃沈。諦めきれない僕はその場で反論し、場を凍らせてしまった。黒須さんは穏やかに「そうですね。リピュアという名前も透明のボトルもかわいい感じだから、お話はもっともだと思います。一度考えましょう」とその場をまとめ、帰る道すがら僕に「クライアントの言葉には良いことがたくさんありますから、ちゃんと聞いたほうがいいですよ」と諭した。

納得した僕は数日後、「朝帰り」とは真逆の明るいトーンの企画を用意して黒須さんに見せたら、「これじゃ最初から明るすぎるから『ピュア』ですね。『リピュア』じゃない」と言う。

「あれ？　でも明るめでと言われたし……」

「でも最初から明るくしなくて良いでしょう」

「えっ!?　いいんですか？」

「はい。クライアントの言葉はしっかり聞きましたよ。でもすべては聞かない選択肢もあるんです」

　そして「この歌を使いましょう」と見せられたのが、僕が別企画で出していた「ひょっこりひょうたん島」の歌詞。「苦しいこともあるだろさ　悲しいこともあるだろさ　だけどボクらはくじけない　泣くのはいやだ　笑っちゃおう　すすめー！」（作詞・井上ひさし、山元護久／作曲・宇野誠一郎）だ。

　黒須さんはクライアントの言葉を受けて、単に全体を明るいトーンにするのではなく、**読後感が「希望に満ちた明るいイメージ」にすることで要望を叶えつつ、商品の本質がより世の中に深く刺さる企画にする答えを出していた**わけだ。

　確かに前より良い！　と感動したし、クライアント側も即座に「良いですね！」と言った。それはみんなが求めた答えだったからだ。

　クライアントは商品のことをすごく知っているプロでありチームだから、しっかり耳を傾けて意見を交わす。でも言われたことを真に受けすぎて、この時の僕のように彷徨（さまよ）ってしまうのもまずい。**言葉の真意を捉えた上でより良いアイデアにする**。聞くけれど、聞かない──それが本物のプロの姿勢なのだ。

聞くけど聞かない──本質に行き着くには、時に禅問答のような問い直しも必要だ。

コミュニケーションの奥義は「老夫婦」にあり

「効率より愛着」
言葉よりも阿吽の呼吸で

「**寒**いね」と話しかければ「寒いね」と答える人のいるあたたかさ
——俵万智『サラダ記念日』

僕が大好きなこの一首には、コミュニケーションのすべてが凝縮されていると思う。人の愛情とつながりの本質、そして派手ではないがワクワクする未来すら感じる素晴らしい短歌だ。

良い違和感を生むことがアイデアや言葉には大切と指摘してきたが、このように**素朴で温かいけれど、どこかはじめて聞く視点**はささやかだが良い違和感となり、人の心の深い部分に突き刺さる。

この短歌で思い出すのは、東京大学名誉教授でヒューマンコミュニケーションの専門家・原島博先生の「老夫婦が1時間何も話さず隣にいられるのは究極のコミュニケーションだと思う」という言葉だ。考えてみれば、老夫婦は無言で隣に座っていても居心地よく時間を過ごせるし、会話でも「おい」「はい」「あれ」「どうだ？」「いいんじゃないですか」みたいな言葉の断片で伝わるのだからすごい。

一方、ビジネスでの「コミュニケーション」はわかりやすさを優先してメッセージをつくり、顧客にアクセスしようとする。もちろんこれは悪いことではないけれど、僕は、言葉にあまり頼らずとも端的に伝わるコミュニケーションはないだろうかと常に自問自答している。

これを若いスタッフと話した時、「老夫婦は長年そばにいてお互い
の情報がわかるようになったのだから、その代わりにAIに顧客デー
タを学ばせて推測するのはどうですか？」という案が出た。もちろん
そのアイデアにトライする価値はあるが、きっと答えは違う。という
か、そもそもの問いの立て方が違う。

　これは「いかに言葉を少なくしてコミュニケーションするか？」と
いう「効率」の話ではなく、**「いかに相手の思いを想像し、お互いの**
幸せを見守るか？」という「愛情」の話なのだ。

☞ 愛情のあるコミュニケーションとは何か?

　この問いには、いくつもの答えがある。例えば、僕の大好きな服屋
さんのスタッフは、積極的な声掛けはせず、僕が何かを探す顔をした
時だけ「別のサイズお持ちしますよ」と、**付かず離れずの阿吽の呼吸**
で寄り添ってくれる。あるいは、ニューヨークの高級レジデンスのド
アマンは住人のすべての顔と名前とエピソードを覚えていて、朝と夜
に名前を呼んで挨拶してくれる。それはハードな街の中で安心感を与
えてくれるだろう。それらは相手の思いがわかったコミュニケーショ
ンだ。やはり「効率」よく伝えるよりも、「愛着」が持てるコミュニ
ケーションのほうが幸せなのだと思う。

　効率より愛着――それを胸に秘めつつ、相手の心地よさを問いつづ
け、老夫婦のような究極のやり取りを目指したい。

効率より愛着――他者の思いへの想像が、
気持ちの良い阿吽の呼吸を生む。

嫌われてもいい、
でも嫌われないようにする

「超一流の八方美人」の
極意とは？

以前、音楽評論家の吉見佑子さんから「小西さんは超一流の八方美人ね」と言われて、とても救われた気持ちになったことがある。もちろん八方美人なんて良い意味の言葉ではないし、それに超一流が加わるなんて馬鹿にされているとも言えるが、吉見さんは無論そういう意味では話していない。

僕はできるだけ嘘をつかない。良くないものを良いと言ったり、好きじゃない人に好きと言ったりはしないようにしている。

その代わり言葉をうまく使う。厚顔無恥に突っ込んでいくこともあるが、人を傷つけるのも傷つくのも嫌なので、言葉をやわらかくして話す。例えば美味しくない料理に「新しいタイプの味ですね」と言ったり、後輩のまるでダメな企画に「俺は好きじゃないかな」と話しつつ、「違う方向から掘ってみて」とディレクションしたりもする。嘘はつかずに言い方をクリエイティブにして話すわけだ。なぜなら、

人を傷つけたいわけではなく、その場の雰囲気を良くしたり、良いアイデアに導くのが目的であって、そのほうが心が痛まないからだ。

そうした習慣から、周りの人からは**「こにたんは困った人とも綺麗に付き合うよね」**と言われる。だがもともとは、正直に言う勇気がないから探り始めた僕なりのコミュニケーション法だ。

☞ 本気で叱る吉見佑子さんの迫力

一方、吉見さんは、昔から歯に衣着せぬ物言いで業界から一目置かれている人だ。これまで忌野清志郎からSEKAI NO OWARIまで、あらゆるミュージシャンのヒットに関わった人だからその見識には深みがあるし、言葉に凄みがあるから、叱られに来る人が後を絶たない。

そんな吉見さんが、最近ある音楽グループのライブの後、音楽レーベル会社の人に怒っていた。「アーティストのみんなは最高で、パフォーマンスもすごかった。でもあなたの会社は最低。あの子たちのために何をしたの？　もっと必死で企画して、もっとちゃんと運営しなさいよ！」。その姿はパフォーマンスじゃなく、本気だった。

その時、尊敬の念を込めて「すげー」と思った。相手の悪いところを叱るのは体力も気力もいるし、何より自分のほうが傷つくから避けたいのが普通。**でも相手のことを親身に考えるなら、空気を読まずにはっきりとダメ出しするのも時に必要だ**と思う。

でも僕にはできないし、ある意味そこから逃げてきた。そこが八方美人たる所以（ゆえん）で、綺麗でもなんでもなく、ただの弱虫というわけだ。でもそれも踏まえて、吉見さんが「超一流」と僕に言ってくれたのは、**「それでもあなたは必死でそれを全うしているし、そのスタイルを貫いていいと思う」と肯定してくれた**のだと思った。

というわけで、僕はこれからも必死にいい人であり続け、人に嫌われないようにしながら「八方美人」を貫こうと思う……そう吉見さんに告げたら、まるでダメと言われた。「嫌われたくないと思うと、良

い仕事はできない」と。**つまり、嫌われたくないけど、「嫌われても
いい」という勇気をもってはっきり話し、でも嫌われないようにする**
塩梅が大切というわけだ。そんな複雑な課題、どうすれば解決できる
のか？　ようやく僕がたどり着いた答えは、

相手がしかめっ面になるような話をしたら、
笑顔になるようなアイデアを加えること。

そう意識するようになってからは、**「腹が立ったけど、それは確か
にいいかも。ありがとう」**と言われるようになった。「不満を言った
らアイデアを言う」という僕のポリシーとも合致しているし、相手も
自分も傷つかず、場も凍らない。**何より嘘がなくて清々しく、相手の
ためにアイデアを考えるのも気持ちいい**。これが吉見さんの言う「超
一流」の意味なのかもしれない。

ところでその吉見さんに「今本を書いている」と伝えたら、「まさ
か売れようとしてないよね」と言われた。売れるためではなく、自分
をさらけ出して知ってもらうことこそ「超一流の八方美人だ」と。確
かにそうかもしれない。超一流まではまだまだ道は遠い。

**時には「空気を読まない」卒直な諫言も必要。
ただし"笑顔"になるアイデアとセットで。**

信頼されるには、
想像を超え続けよ

ただ諦めない姿勢はエゴ。
信頼関係があればチャレンジ！

自分が苦心して考えたアイデアや企画がプレゼン相手にさっぱり
刺さらない、という経験は誰しもあるのではないだろうか。そ
んな時に勇気が湧いてくるエピソードをひとつ紹介しよう。

　それは小霜和也さんや黒須美彦さんたちの下で、プレイステーショ
ンのキャンペーン企画に参加していた時のこと。僕が「暮らし、イ
キ！イキ！」という言葉を出すと、小霜さんが「これはすごくいい！」
と言ってプレゼンで推してくれた。でもクライアントの反応は「ノー」。
テレビCM企画とマッチしていないから採用はできないという言葉。
プレイステーションの立役者で宣伝部長だった佐伯雅司さんが「ダ
メ」と言うのだから取り付く島がない。

　当時は、クライアントに一度提案して「NO」だったコピーや企画
は改めて持っていかないのが普通。僕は諦めて違うコピーをたくさん
書いたが、次のプレゼンで小霜さんが推したのも「暮らし、イキ！イ
キ！」。でもやはり企画とマッチしていないという理由でNG。それ
でも小霜さんは出し続け、ついに4回目のプレゼンで、佐伯さんが
「これいいじゃん！」と笑って採用してくれた。ようやくCMやグラ
フィック企画とコピーがマッチしたからだった。

　結果的にこの「暮らし、イキ！イキ！」のキャンペーンは大成功の

キャンペーンとなったが、それもこのプレゼンがあったからだ。**迎合も諦めもない。世の中が何を求めているのか?** そのビジョンを持ったプロ同士だからできる高め合いだったと思う。

もし最初の僕のように、小霜さんやクリエイティブチームが諦めていたらこの成功はなかった。アイデアは自分が信じなくなったら終わり。だから何度却下されても、いいと思ったアイデアは諦めないほうがいい。僕はこのプレゼンでそれを強く思った。

100回プロポーズに失敗しても、101回目で幸せになれればいいし、1万回ダメでも1万1回目に何か変わることもあるのだ。

ただしそれは、プレゼン相手や仕事仲間がプロとして高め合える人である時に限る。自分の企画に執着するだけでは誰も幸せにできないし、そもそも提案が通らない。最近、ただ頑固に企画を変えない若者を見たが、ただ諦めないのはエゴだ。必要なのは、**自分のアイデアへの執着ではなく、世の中が共感するアイデアへの執着。信念を貫く姿勢ではなく、信念をやり取りできる関係値だ**。たとえ競合プレゼンに負けたり、出入り禁止になる可能性があっても、それに臆することなく本音のプレゼンをするのは必要な姿勢だが、そのためには信頼関係が必要不可欠だと知るべき。良い仕事には、相手や仲間に恵まれる力も必要というわけだ。

☞ どうすれば本音でやり合える信頼関係を結べるのか?

その問いかけは、もちろんクライアントとの間のことだけではなく、仕事の関係先や同僚、上司との間でも同じことが言える。当時の僕は、

提案相手のことを「言うことを聞くべき判断者」として見ていたが、小霜さんは「**チームの仲間だ**」と言った。ではどうすればそのチームの仲間として、フラットに意見を交換できる関係を構築できるのか？その問いに小霜さんは「想像を超え続けるしかない」と答えた。それはつまり、相手からの**指示や思いを理解した上で、それ以上の答えを提示し続けることだ。**

クライアントや上司から「お、これはいい」と思われることを繰り返すことでしか、本音をぶつけてもいいという関係にはなれない。

　フラットに言い合える関係はあたりまえのものではない。獲得するものだ。普段の仕事には商流の上下や社内の上下関係があるから、本音を言うのはとても難しいこと。だからこそ何度も相手の想像を超える答えを提示して信頼を獲得する必要がある。僕たちには社内の想像もクライアントの想像も世の中の想像も超える責任があるわけだ。

　小霜さんはよく「**俺たちの仕事は、何も形を生み出さない恥ずかしい仕事だ。だから必死で考えて想像を超える責任を全うしろ**」と言った。その言葉は今、心の底から理解できる。必要なのはプロとしての姿勢を持ち、かつ意見を率直に伝えられる関係値を生み出すこと、そのためにリスペクトをもって相手と対峙すること。そして想像を超え続けることだ。これらの示唆はすべての仕事に当てはまるだろう。

本当の信頼関係があるなら
101回目のプロポーズもあり。

3回デクワスと、
人は「運命」を感じる

あらゆるメディアを使って
「3デクワス」作戦を!

たまたま街でぶつかった人が、学校に転校してきて、その後、母の営んでいるカフェで偶然バイトとして働くようになって……。昔からある恋愛ドラマの王道プロットだが、そういう**偶然が重なると人は明らかに運命だと思い、恋に落ちる可能性が一気に高まる。**

これは恋愛だけじゃなく、商売やマーケティングでも言えることだ。もしあなたが、よく行く店で偶然に目にしたものが、数時間後に友達のインスタで紹介され、さらに夜SNSで話題になっていたらどうだろうか? 間違いなく検索して情報を取りに行くし、なんならクリックして買ってしまうかもしれない。**何度も、しかも偶然に出会う情報は人の購買行動を大きく動かす。**

☞ 本邦初公開「3デクワス理論」

その考えをベースに生み出したのが、「**3デクワス理論**」だ。

人は「3つ以上」「別々のルートから」、「買いたくなる理由」に出会うとその商品が無性に欲しくなる。

この理論をつくったのは、あるゲーム会社へのプレゼンで電通の吉田健太郎さんから聞いた、「実は、商品を"買わない理由"は平均2.6個で、これを"買う理由"が上回らなければ購入されない」という調査結果がきっかけだった。これは面白い！　と僕は思った。つまり3回以上「買う理由」に出会えば「買う」わけだ。しかもそれを別々のルート（SNSやニュースサイトや友人経由）で聞けば、情報の偶然性が重なって信頼性は増すし、購買行動への確実性もアップする。これは、当時あたりまえだった「テレビで何度も単一の売り文句に触れさせる」やり方から、**「複数のルートで"買う理由"に何度も触れさせるほうが購買につながる」**という進化だし、SNSや新聞や雑誌やチラシや駅ばりなどマルチな情報提供へと変革するのを後押しするアイデアだった。

　それからというもの、僕はこの理論で各ジャンルのプレゼンに勝ち、成功事例をつくってきた。せっかくなのでここで、門外不出の「3デクワス理論」の中身を本邦初公開したいと思う。

①接触回数は3回以上であること
②そのターゲットのリアルな生活導線にある複数のメディアから「偶然」に接触させること
③共通の話題だとわかる名前かシンボルを伝えること
④メディア特性に合わせた「買う理由」を提示すること

　例えば②のターゲットが主婦なら、テレビ以外にも、ながら視聴しているラジオや美容室で読む女性誌、美容室でのスタイリストからのトーク、SNSでの投稿やニュースサイトでの情報、夕方に立ち寄るスーパーの掲示板から店内アナウンスまで複数の接点から「偶然」に情報に接触するように設計するわけだ。

③の名前・シンボルは、商品名でもいいし何かのスローガンでもハッシュタグでもいい。「これは同じ情報なんだな」と思えることが大切。さらに④はPRの鉄則。「買う理由」をそのメディアらしい情報に編集して出すわけだ。例えば女性誌ならファッションや子育てと連動した情報、スーパーの店内放送なら夕食やお出かけというように情報に「編集」を加えるのがポイントだ。

「3デクワス」という視点で見れば、たくさんの成功事例が見つかるが、2013年にピクサーが放った『アナと雪の女王』もその一つ。「音楽」にデクワスというスタイルで世の中の話題をさらった。まず大ヒットとなった曲「Let It Go」がYouTubeやラジオで流れまくり、映画のティザー予告編がSNSで話題になり、日本語吹き替え版のキャストのテレビ出演など、「見る理由」に何度もデクワスことになり、空前のヒットとなった。また、「53年間のロングセラーも3月に終売になります」という張り紙と共に爆発的に拡散した明治のキャンディ「CHELSEA」（チェルシー）の終売も「デクワス」の好例だ。「＃最後のチェルシー」という強い共感ワードでSNSやニュースサイト、テレビを巻き込み、「3デクワス」どころか「∞デクワス」となって空前の売上となった（終売なのが残念だが）。

　もしあなたの担当する商品やサービスがあまり広がっていないなら、「買いたくなる理由」を考え、それを**PRでデクワスか？　店頭でデクワスか？　テレビやラジオで取り上げられてデクワスか？**　作戦を考えていくだけでも、有効打が浮かんでくると思う。

「買う理由」と3回以上偶然に出会うと、人は「運命」を感じて、思わず買う。

媚びを売るな、
感謝を買え

ありがとうと言うより、
ありがとうと言ってもらう戦略を

世の常で、売れてくると増えるものがある。競合商品や模倣商品はもちろん、「あれ俺がやったんだ」という人が増えたりもする。

そんな中でちょっと困ったことになるのが **「苦情」が増えること**。売れてない時は見向きもされなかったものが、世の中で接触頻度が上がると、妬みや非難も生まれやすくなる。

実は1990年代後半、プレイステーション（以下PS）が軌道に乗って大きく売れ始めた頃にもそのリスクが生まれていた。任天堂のスーパーファミコンのような明るく家庭的なゲームだけでなく、PSにはホラーやサスペンス系のゲームも多く、家庭から苦情が来る素地が多分にあったのだ。

今の時代ならSNSでの投稿を注視するぐらいで事前に何かのコミュニケーションを仕掛けることはないだろう。もし仕掛けるとしてもテレビなどの「マス」でなんとかしようとするのはありえない選択だと思う。でも当時のクライアントとクリエイティブチームはそうしなかった。

家庭の父母や、学校のPTAから「苦情」が出る前に、テレビCMで「ゲームのマナー広告」をつくり、先手を打ったのだ。

その時のメッセージが「よい子とよいおとなの。プレイステーショ

ン」。CMでは「ゲームのやりすぎ気をつけよう」「ゲームをやめたら片付けよう」といったマナーを当時人気だったアーティストの歌にあわせてメッセージした。**苦情を抑えるだけじゃなく、ゲームの楽しさを伝え、セールスにもつなげるすごいキャンペーン**だ。これによりPTAから表彰されるほど旗色が変わった。

その後、子どもや若者による凄惨な事件が起こり、幾度か「ゲームの影響」と関連づけて報道されたが、PSと関連づけた報道が少なかったのはこのマナー広告のおかげだったのかもしれない。

☞ 子どもに媚びを売らない

PSは発売当初から大人を中心に売れたゲーム機だったが、その後着実に販売台数を増やし、3年目には「子ども」をターゲットとした戦略が始まった。ただし「子ども」は任天堂の牙城であり、あらゆるゲーム会社が辛酸をなめてきた「聖域」だ。

そこにどう切り込めばいいのか？　まずチームが決めたのが「子どもに媚びを売るのは絶対にやらない」という指針だった。PSは任天堂と異なり、大人っぽくシニカルなCM表現が多かったのだが、子ども向きでもそれを変えないスタンス。子どもに「ぜひ買ってください」というスタンスではなく、むしろ相手に「感謝」されるコミュニケーションを考えようとしていた。

子どもに媚びを売る代わりに、言葉を渡す。

PSは高価だ。どれだけ欲しくても、ほとんどの子どもは親に買ってもらうしかない。だから子どもにその**「買ってもらうタイミングと言葉」**を武器として渡そうとしたわけだ。そこで生まれたのが**「ごほ**

うびに。プレイステーション」だった。

　ごほうびに買って！　その合言葉を子どもの武器として手渡すため、テレビCMはもちろん、年末の百貨店やおもちゃ売り場、その導線となる交通機関まで、いたるところにポスターを掲示した。その結果、「勉強頑張ったんだから！」「言いつけ守っていい子にしたんだから！」ごほうびに買って！　という声が日本中に広がり、このキャンペーンは競合を抑えて売上を向上させる大ヒットとなった。子どもたちの立場で考えた、まさに「子どもたちから感謝される」アイデアだからこそ広がったと思っている。

　PSはとにかく時代の気持ちを味方にしたことで売れ続けた。その陰には、相手の立場で考える姿勢や、媚びを売らず感謝を買う姿勢、さらにはターゲットが買いやすくなる武器を渡そうとする姿勢があったからだと、今、改めて思う。

先手を打ってターゲットの気持ちに寄り添い、ありがとうと感謝される施策を打とう。

広げる時は、必ず 「プチプチ戦略」で

ユーザーの気持ちの一歩先を考え、 一歩後ろに下がって表現する

プチプチを潰すのが好きだ。あれを一つひとつ潰すのも、すべてを潰し終わった時の快感もたまらない。しかも大きなプチプチに出会うとまるで新大陸を発見したようにワクワクして、どんどん潰したくなる。まるで「領土を拡大していく」感覚だ。この話、共感してくれる人も多いと思う。もちろん僕の暇つぶしの話ではなく、ビジネスを拡大する戦略の話として、だ。

「ターゲットや解決すべき課題に合わせて、一つひとつ領域を潰し広げていく」。そんな "プチプチ戦略" はブランドの拡張をする上で非常に有効な戦略だと思う。

その代表的事例だと僕が思うのは、先程も紹介したプレイステーション（PS）だ。PS は 1994 年 12 月 3 日に「1、2、3 でゲームが変わる」というメッセージと共にソニー・コンピュータエンタテインメント（現ソニー・インタラクティブエンタテインメント）から発売されたゲーム機。今や世界中で知らない人はいないブランドだが、発売当時は競合に「スーパーファミコン」や「セガサターン」が存在していたし、ゲーム市場に新規参入した企業が軒並み失敗してきた歴史もあったので、ソニーの PS も **「売れるはずがない」** と思われていた。

これをメジャーに押し上げていったのはもちろんハードのスペック

やソフトのラインナップだが、広告戦略も大きな力の一つだったと思う。僕はPSの発売から1年半後に師匠の小霜和也さんの下でコピーライターとして参加。黒須美彦さんや笠井修二さん、永見浩之さんらすごいクリエイティブチームに混じって、以後数年にわたりPS漬けの毎日を送った。その後PS2、PS4でも関わったので、足かけ10年ほどPSを見てきたことになるが、ここでお話しするのは最初の4年ほど、初代PS（グレーの機体）の話だ。

　機体は32bitで、セガサターンと同等、スーパーファミコンの倍の高いスペックを誇っていた。だからゲーム関係者からは「PSもスペック勝負で市場に打って出るだろう」と言われていたが、PSはあえて「ソフトの充実」を謳った。当時はユーザーが成熟しておらず「売れているゲーム機が売れる時代」だったが、

「全てのゲームは、ここに集まる。」と打ち出し、ソフトの充実を戦略化した。

　セガも任天堂もいるから「全てが集まる」は誇大なのだが、このメッセージで「ソニーは徹底的にソフトで戦うつもりだ」という気運が業界や流通、さらにはゲームクリエイターに広がり、期待値がアップしたのは間違いない。ここからPSの快進撃が始まった。

　PSの次の大きな転換期は「100万台」へのメッセージだった。100万台というのは当時「売れているゲーム機」を意味する重要な数字だった。だが当時セガサターンが90万台ほどの売れ行きだったのに比して、PSはまだ80万台強だったと思う。つまり劣勢。それを逆転したのが小霜さんが生み出した「いくぜ、100万台。」だった。このコピーは正直、すごい。まるで「100万売れた」かのような感覚になるのに嘘がないし、何よりブランドに勢いを与えた。このメッセージが

テレビCMで流れまくったことで「PS売れてる！」という機運が生まれたのは間違いない。その後も **「すごいことになってきた。」「いくぜ、200万台」** と快進撃を続け、そしてその後も、

まさにプチプチを潰すように、生まれる課題を解決し、可能性のあるターゲットに合わせて領地をどんどんと広げていった。

　価格を下げた時も、ブランド価値を下げないために「値下げ」を前面には出さず、他の改良も加えて「ユーザーサービス」として提案。その時のメッセージは **「サービス満点」**。テレビCMだけじゃなく、売り場でも大々的にメッセージを出しセールスにつなげた。今ではあたりまえの顧客目線の「売り場広告」も、当時は珍しかったから、きっとこのPSの影響で広がったのかもしれない。

☞ ユーザーの気持ちの一歩先をいく

　僕はこれまで数千のCMに関係してきたが、このPSの広告群が最も効果的に世の中に刺さり、市場を広げた好例だと思っている。**一網打尽にユーザー獲得、みたいな魔法はない**。すべては徹底的に考え抜いた細やかな施策の積み重ねだ。

　会議で話されていたのはいつも、ユーザーの気持ちの一歩先をいく、ということ。ゲームは嗜好品。しかもこだわりのあるコアなユーザーが多い。だからこそ **「ああこんなもんかPS」** と思われたら終わり。**でも一般の人から見て「わからんな」と思われても終わり**。だからこそユーザーやユーザーになり得る人たちの立場に立ち、徹底的に気持ちを考えることが大切だった。そのためにも、

177

自分たちがユーザーであることを忘れず、常に「気持ちの一歩先を考え、一歩下がってわかる表現を生む」ことを重ねていた。

　初代PSのテレビCMは誰もが面白く話題にできるものだったが、それはアイデアをシンプルにしつつ、ユーザーの立場から見て興味が持てるようにコミュニケーションデザインされていたからだ。当時駆け出しだった僕もそのチームの一人として、小さなセリフ一つひとつに向き合い、そのすべてを「居酒屋で話したくなるほど面白い」言葉にするために一晩中考え続けていたのを思い出す。

　ちなみにプレイステーションは、最初の頃、自らを「プレステ」と呼んだことはなかった。師匠からも「プレイステーション」か「PS」と書けと徹底された。なぜなら**愛称はユーザーがつけるもので、自分で言うものじゃない**という信念があったからだ。まさに木村拓哉さんが「キムタク」と自分で言うことがないように、プレステと誰かにつけてもらうまで待ったわけだ。そこまで徹底的にユーザーの立場に立ってコミュニケーションデザインをしていたからこそ、みんなに愛されたのだと思う。

**今や累計5億台を突破したPSシリーズも、
一つひとつ領土を拡大していく「プチプチ戦略」で
ユーザーの心を掴んでいった。**

ボスキャラ攻略には、
やんちゃの連打を

次々にやんちゃをやると、
次々に可能性がひらいていく

プチプチ戦略で成功した事例をもう一つ。今や定番ブランドのサントリー「ザ・プレミアム・モルツ」（以下プレモル）も、実はさっぱり売れてない時代があった。

1989年に「モルツ スーパープレミアム」の名称で発売。その後2003年に今の「ザ・プレミアム・モルツ」と名称変更したのだが、**当時アサヒビールの「スーパードライ」の販売が年間1億ケース以上だったのと比してわずか50万ケース程度で、普通の製品なら販売を終了してもおかしくないほどだった。**

だが、2004年に当時の常務が「ヨーロッパで認められるために」とモンドセレクションにエントリーし、2005年に見事に最高金賞を獲得。そこから飛躍的に売上が伸び、3年連続で最高金賞を受賞し続けた頃には不動の地位を獲得していた。ちなみにお菓子などでも「モンドセレクション」を見るのでどれほどの賞かといぶかしがる方もいるが、ビールジャンルで受賞するのは非常に難しい。しかもビールの本場の一つでもあるベルギーが日本のビールに最高の賞を与えたのだから、これはもうひっくり返るぐらいの大ニュースだった。

ちなみに、皆さんがよく聞く「モンドセレクション最高金賞」という言葉は、実はこのプレモルから生まれた言葉だとご存知だろうか？

それまで「グランドゴールドメダル」の日本語訳としては「大金賞」という言葉が使われていたのだが、当時のブランド担当者が、「大金賞」だとわかりづらいからとモンドセレクションの事務局に掛け合ったのだ。「大金賞」では正直欲しくならないが、「最高金賞」なら試してみたくなる強いモチベーションを生む。「最高金賞、使えるようになりました！」と担当者が嬉しそうに報告してくれた光景を今も思い出す。

　普通なら同賞の事務局から表彰された「大金賞」をあたりまえに使うだろう。でもその担当はそのまま使わず、「なんとかして売りたい」と願い「最高金賞」と変えた。**当事者としての強い課題意識があるからこそ生まれたやんちゃ精神**。まさにサントリーが大切にする“やってみなはれ”の挑戦心が発揮されたわけだ。

あたりまえをあたりまえだと思わずに、言ってみる、やってみる。やんちゃの大切さを心に刻んだ思い出だ。

☞ プチプチ戦略でやんちゃ連打を

　プレモルの展開においても、PSで培った「プチプチ戦略」のように、ユーザーの立場で一つひとつ領地を広げることを徹底した。まず、「最高金賞」というワードに最も親和性のあるタレントとして矢沢永吉さんを起用。**「最高！のシンボル」として、やんちゃなロックで時代を切り拓いてきた永ちゃんは、プレモルに絶大なパワーを与えてくれた**。

　次の一手でとった戦略は「週末」。いかにプレモルが美味しくて、最高金賞というお墨付きがあっても、スーパードライがいる日常のシ

ーンに繰り出したらまだ負けてしまう。そこでプレミアムならではの「ご褒美」が似合う週末に賭けたわけだ。そこから生まれたワードが**「最高金賞のビールで最高の週末を。」**。これが起点となり、テレビCMから売り場までが「最高」×「週末」で溢れ、売上も大きく伸びた。

　ちなみにキャッチコピーは、店頭で機能するかが勝負だと僕は思う。例えば売り場担当の人たちが「こんな広告をするなら、僕らも店頭をこうつくろう！」というふうにアイデアのきっかけになるワードが最高だ。その意味で、「週末」と「最高」はフェアをやる時間や内容を決められるので店頭開発がやりやすかったのも功を奏した。

　その後、「最高金賞」を「美味しさ表現」に変えるために**「最高金賞のうまさ」というキャンペーン**を行った。それにより「なぜザ・プレミアム・モルツを選ぶのか？」という質問に対しての答えに「うまいから」という言葉が増える。それこそが食品には本質的に大切なこと。「うまさ」をストレートに言葉にするのはチャレンジだが、これも世の中に受け入れられた。

　「贈り物には、普通のビールより、プレミアムビールでしょ」――そんなコピーで次に挑んだのは「贈答市場」だ。プレミアムビールは少し高いから贈り物には最適だったが、昔から知っている商品を贈るほうが確実だというイメージはなかなか壊せない。そこで「X→Z」構造（矢印クリエイティブ）で強いパワーを持った戦略的ワードを仕掛けたわけだ。

　この広告の肝は、「X」。すなわち普段飲んでいるビールを「普通のビール」と定義したことだ。「あ、俺が飲んでるのは普通のほうなんだ」という思いが生まれれば、「贈り物は高いほうがいいかな」という心の動きが生まれる。競合相手からすれば嫌な、やんちゃな戦略だったが、この狙いは当たり、お歳暮とお中元という市場の地図を塗り

替えることができた。

　ここで言いたいのは「**競合の再定義**」の重要性だ。打って出る市場にボスキャラ級の強い商品（X）がある場合、まずそれを**一旦再定義する。その上で「→Z」として「それよりもこっちがいいんだぜ」という価値観を提示するわけだ**。ライオンの「バスタブはもう、こすりません！」のCMも、いくら有名でもこする風呂洗剤（X）より、こすらなくても落ちる洗剤（Z）のほうがいいですよね？　というスタンスが踏まえられている好例だろう。

　その後もプレモルは「普通のビールよりプレミアムビール」が似合うシーンを次々に狙った。年末年始、母の日や父の日、さらには「島耕作」とコラボしてビジネスのハレの日まで攻めた。

　そしてついに「**金曜日はプレモルの日。**」というキャンペーンで「普通の日」へ駒を進める。実はこの時に初めて「プレモル」という言葉を広告で使った。「**愛称はこちらから言うな**」の鉄則を翻すほどに多くのファンが呼び始めたことと、普通の日に多くの人に飲んでもらうためにメジャー化が必要だったからだ。狙いは当たり、プレモルはここから一気に市場を広げることになる。

　プレモルは、小さなブランドが巨大ボスキャラと戦い、成長してきた好例だ。敵がいかに巨大でも、一つひとつ勝てることを見つけて戦ってみる。ビジネスとして無謀と思われても、やんちゃに、でも丁寧に戦えば領地は広げていけると思う。

小さくやんちゃなプチプチ潰しこそが、
大きな商品を育てる鍵となる。

フェス型コミュニケーションのすすめ

その場で、その時に、その瞬間が
特別な価値となる

コミュニケーションのあり方は未来にかけて進化の途上にある。社会のコミュニケーションの重要な部分をマスメディアが担っていた頃は、**「分け与えるコミュニケーション」**が中心だった。そのシステムでは圧倒的な情報格差があり、情報の風上にいるメディアから風下にいる視聴者へ一方向に情報が流れるだけだった。

その後、インターネット革命とSNSの台頭により情報へのアクセスが突如フラットになり、価値観の多様化とコミュニティの細分化も相まって、**「分かり合うコミュニケーション」**へと移行した。みんなが発信者になったことで、個々が生み出すオリジナルの情報が溢れ、各発信者の周りには共感する仲間が集まるようになった。

こうして共感が共感を呼ぶ時代が始まると、無名の一人が発信したコンテンツが1億回以上再生されるケースも登場し、しばしばマスメディア以上の力を持つようになる。1億回とはすごい数に見えるが、**$1 \times 100 \times 100 \times 100 \times 100$だから、実は1つの投稿が100人に4回リポストされれば達成する数字**だ。

その拡散費用はほぼ0円。テレビで1億人に到達するCMを打とうと思ったら数十億のお金がかかるのだから、比較にならないほど低価格だ。つまり誰もがマスコミになれる時代になったということ。コミ

ュニケーションの民主化は完了しつつあるわけだ。

☞ コミュニケーション文化NEXT

ただ、そんなSNSの盛り上がりを支えてきた、「いいね数」や「フォロワー数」という数字を競うコミュニケーション文化は、そろそろ終わりを迎えようとしている。もはや「SNS疲れ」が広がり、「盛り」や「映え」も飽きられ始めているし、**リアルな投稿しかできない「BeReal.」のような「盛れないアプリ」がZ世代を中心に世界的に大ヒットしている**兆候もある。きっと等身大に「分かり合う」ためのツールだったはずが、過剰な承認欲求から「盛った自分」を競い合うようになったことにメンタルが疲れ、そこから逃げたくなったのだと思う。

では次に来るコミュニケーションは何か？　僕は、**「分かち合うコミュニケーション」**だと見ている。コミュニケーションの主人公が一般の人々であることは変わりないが、大きく違うのは「個々の発信型」ではなく「同時目撃型」ということだ。

その場で、その瞬間にしか見られないものを目撃し、その感動を横でやりとりする。それはまるでフェスでの盛り上がりと同じ。

まさにこれから**「一度きりのライブ性」が特別な価値を持つ**時代がやって来る。好きなライブでも、サッカーの試合でも、美味しい料理でもいい。さらには面白いネタや自分でつくった詩の朗読でもいい。生身の人間による、リアルな場における、一度きりのアナログな体験。その瞬間を共有した人だけが知る感動を分かち合うコミュニケーショ

ン。まさにフェスのような感動のシェアが始まると思う。

　このような「分かち合うコミュニケーション」が主流になると、誰かと競い合って心が苦しくなることもないし、誰かを貶めるような言葉も減るだろう。それはとても幸せで、未来的なコミュニケーションだと思う。これからの商品開発やサービスづくりにあたっては、そんなコミュニケーションの未来予想も含んでおくと良いだろう。

　また「分かち合うコミュニケーション」という思考ツールは企業の行動も変えていくと思う。もはや**消費行動は「共感と参加」型へと変わっている**が、今後はその流れがさらに加速し、企業は「人々が何に共感し、どのように参加するか」を問い続けることになるだろう。そしてその時にはきっと何を「分かち合うのか？」が争点になる。そう考えると、商品の新発売に向けた大量の情報発信の意味はない。**小さくてもいいから、コミュニティが分かち合いたくなるアイデア（コンテンツ）を生み出し、それをライブで発信していく**べきだ。そのアイデアが1から5になり、10になれば、そのマスコミ化した個人のパワーも掛け合わされて、アクセス数は1億から5億、10億にもなる。これからはそんなコミュニケーションが主流となるだろう。

「分け与える」から「分かり合う」、そして「分かち合う」コミュニケーション社会へ——今からその準備を始めよう。

「棘の葉」は使わない

あなたから行動を始める。
世界を変えるきっかけはそこから

本章では、対人コミュニケーションから広告コミュニケーションまで深掘りしてきたが、最後に自戒を込めて、これだけは伝えておかなくてはならない。

先日、RADWIMPSのライブに誘われて行った時のことから話そう。まず心底感動した。そのライブの構成・演出が圧巻で1万1千人の観客が一体化していて、打ちのめされたのだ。オーディエンスが望むことを完全に理解した上で、期待を超えて「えっそれやるの！」という幸せな驚きをつくり出す。世阿弥の「離見」じゃないが、まるで「客側に目がある」バンドだと思う。

そんなライブのラストの曲は「針と棘」。その曲を演奏する前にボーカルの野田洋次郎はこう言った。**「棘のある言葉が口から出そうになったら、一度飲み込もう。そして違う言葉を探そう。ここに1万1千人の人がいて、もしそれを実践したら、世界は変わると思う」**と。僕は涙を落とした。

我が身を振り返って猛省すると、若かりし頃、僕は棘のある言葉を吐くことが多かった。言葉のプロだからこそ、相手に深く突き刺さるような話し方をしていたと思う。最初のうちは「下の人には言わない。上の人には言っていい」という身勝手なルールで自分を免責していた

が、独立すると強いプレッシャーからか、いつしか誰彼かまわず笑えない毒を吐くようになった。

相手に深く刺さった棘はそのまま抜けず、やがて毒となり人を侵していく。当時の僕は、周りの人がそうなるのを見て、結局は自分もまた苦しくなるのに、どうしようもなくそれを繰り返していた。

だがある時、コピーライターのアシスタントだった小林麻衣子さんの言葉で、目が覚めた。当時の僕はよく困難な仕事やそりの合わない人間関係でストレスを抱えるたびに「くそっ、死ね」と口癖のようにつぶやいていた。でも麻衣子さんは、「小西さん。その言葉は言っちゃいけないと思います。もしその言葉を言われた人が本当に死んだら、小西さんは耐えられるんですか？」と勇気を持って諭してくれた。

僕の口から出ていたものは、大好きな言の葉ではなく、自分が大嫌いなはずの「棘の葉」だったことに、はたと気づかされた。

言葉は強い。世界を変えられる力がある。でも同時に、一人の人生を破滅させる力も持っている。棘のある言葉は魅惑的で、口から外に出すと快感だからつい麻薬のように常用してしまう。言葉には力があると周りに言いながら、言葉のダークサイドに落ちていた。僕は、麻衣子さんの言葉に自分を深く恥じ、これからは言の葉の力を前向きに使おうと固く心に誓った。もうかれこれ20年くらい前の話である。

☞ 時に「毒を持つ」こと、「愛すること」

ただ、どんな時も棘の葉を吐くなと言うわけではない。岡本太郎の名著『自分の中に毒を持て』でも書かれているように、常識を覆すために毒は武器になる。社会のいびつな常識を変えようとしたり、旧態依然とした因習を揺さぶったり、社会悪を退治するには、時に毒や棘を伴った挑発的な提案をする必要もあるだろう。僕もそういうメッセ

ージを注意深く世に放つことはある。ただし僕は個人に対して棘を放つのは一切しない。その**棘が意図することを棘として言わず、その代わりにどうすれば相手にその意図が「伝わる」かを考えることがアイデアの本質だと思う**からだ。

　僕が言の葉を扱う上で、一番大切にしているのは何かと問われれば、答えはシンプル、**「愛すること」**だ。さだまさしさんが「関白宣言」の中でも歌うように「愛すればいい」。それだけ。ずいぶんとエモい答えだと思われるだろうが仕方ない。

相手の立場に立って深く考えるのも、愛するからだ。小さな会話でも、どうすれば愛に溢れた言葉で相手に伝わるかを考える。それを一人ひとりから始めていきたい。

　言葉には力があり、それは広がっていく。たとえ最初が少しの人でも、広まれば世界は変わる。一つの言葉はあなどれない。一人の力もあなどれない。ほんの小さな変化であってもいいから、周りの人の心に刺さった棘の葉を抜き、世界を美しくて愛に溢れた言の葉に置き換えていこう。そう、僕は心に誓っている。

　　**「棘の葉」ではなく、愛ある「言の葉」を紡ごう。
　　小さな変化はあなたの言葉から始まる。**

仕事をデザインする

III

方程式

最速の上達には、
スリップストリーム

仕事で成長したいなら、
厄介な人が必要だ

どうやって仕事で成長したらよいのか、キャリアで悩む若い人たちは多い。ここで、自分でも呆れるほど不器用で、人と話すのが得意ではなかった僕が、どのように仕事の中で諸先輩方に鍛えられてきたかをお伝えしたい。

クリエイティブの仕事を始めたきっかけは？　とよく聞かれるが、ただの配属だ。しかも「補欠」。所属した広告代理店では新入社員に適性テストなるものを実施するのだが、結果、行きたかった部署には引っかからず、思ってもみなかったクリエイティブという扉をあけることになった。配属前の飲み会で先輩が酔っ払って**「君は補欠。12人中の13番目。なんとか頑張って」**とみんなの前でバラした。

そんなショックで拗ねてた上にそもそもクリエイティブに興味がないから、うまくコピーを書くこともできず、広告とは何かという初歩の初歩を考える日々が続いた。そのまま2年ほど鳴かず飛ばずだったが、ある時転機が訪れた。

当時、クリエイティブの人間なら誰もが憧れていた「PARCO」のプレゼンに参加した僕は、一案も自分のアイデアが採用されていないこともあってぼんやりと末席に座っていた。そこで突然、先輩が「ではここからのアイデアは小西が話します」と振ってきたのだ。

え!?　突然プレゼンターになった僕はとにかくしどろもどろで、プレゼンを台無しにしてしまった。担当の営業部長や上司が呆れ顔だったのを今でもはっきり覚えている。完全に仕事をなめきって座っていた僕に発破をかけようとしたのか、やらせてみればできると思ったのかはわからないが、僕の自尊心を粉々にするには十分な経験となった。この時、僕は180度変わったと思う。

補欠でしかも仕事のできない僕が、それまでかろうじて持っていた「恥ずかしさ」や「よく見せたい」という思いが全部吹き飛び、厚顔無恥になったのだ。

そうなると強いもので、これまで恥をかきたくないからと避けていた厳しい先輩クリエイターや外部の著名人たちとも普通に仕事ができるようになった。**どうせ馬鹿にされるだろうからと、ズケズケものを言うようになった**からだ。

セレナの広告でご一緒した世界的なカメラマンのホンマタカシさんに、「ホンマさんって写真うまいですね」と話してみんなをドン引きさせたり（ホンマさんはありがとうと笑ってくれた）、今や超有名監督になった是枝裕和さんに「こっちの画角のほうがかっこよくないですか？」と進言して現場を凍りつかせたり（是枝さんはその画角でも撮影してくれた）したのは今でも語り草だ。

本音では、やさしい人と仕事をしたいと思っていたし、面倒そうな先輩や後輩とは関わりたくなかったが、なぜか上司は本当に厄介な人たちばかりを選び、僕と仕事させた。「小西さんはダサいから案を考えなくていいですよ」という後輩や、「君ぐらいのコピーなら営業の誰だって書けるんだけどな」と嫌味をいう先輩に揉まれる日々だった。

191

☞ スリップストリームに入れ

　そんな厄介な人たちの中でも、とりわけ厄介だったのが、本書で何度も触れたコピーライターの小霜和也さんだった。当時、小霜さんはすでに超有名なクリエイターで、業界のいい仕事はすべてやっているのではないかと思うほど勢いがあったが、シニカルなところがあり、下につく人がすぐに辞めていくことで有名だった。僕が緊張しながら初日の仕事に向かったところ、小霜さんは開口一番こう言った。

「お前なんかいらん！　まったく書けないな。もう顔を見せるな」

　だが僕の厚顔無恥さは、絶対に負けないぞという思いに変わり、「3年間スリップストリームに入ろう」と決意した。スリップストリームとは、F1などで速いクルマの後ろにピタリとついて風をよけ、一気に抜き去る走り方。僕は、**小霜さんにピタリとつき、スリップストリームに入れば一気に抜けるのではないか**と考え、365日昼夜を問わず、プライベートも一緒にいるぐらい後ろについて生活した。

　ただスリップストリームとは言っても、風よけどころか、小霜さんの排気熱が直撃して1日に10回は怒られていたから、一緒に過ごした3年ほどで1万回ほど怒られたことになる。小霜さんは、僕の話すクセから、企画の考え方、提案の仕方、仕事の考え方、さらには飲み方、歌い方、人と話すやり方、偉い人と付き合う方法まで、すべてにダメ出しした。当時の僕にとってそれは苦痛だったが、誓いを立てたのだから、3年間はやろうと食らいついた。

　僕が会議で何も発しなければ「アイデアを出すか声を出すかしろ」と叱られた。でも小霜さんが怖くて、無理にでも発言を重ねていくう

ちに、進んで発言できるようになったし、小言をもらうたびに腹は立ったが、次の日には「なるほど」と思い直して自分の視座を上げる努力をした。いつしか厄介な人たちと自ら関わるようになり、ぶっ叩かれつつもタフにクリエイティブを形にしていく術を体得した。

　今、多少なりとも仕事ができるようになったのは、すべてその方々のおかげだ。小霜さんはすでにお亡くなりになりもう会えないが、その恩は1日たりとも忘れたことはない。人を適当に褒めたり、よいしょするのは楽だ。でもスパッとけなし、後ろを振り返らずに置いていくのは辛い。その辛さを背負ってまで自分の甘さを指摘してくれる「煙たい人」たちがいたからこそ、己の仕事を日々見直し、成長することができたのだと思う。

　無論、今は辛い思いを我慢する必要は一切ない。ただ、若者の中には「叱ってくれる人がいない」と嘆く人も多い。仕事に対して真面目に取り組むほど、「間違いと正しさを忖度なく教えてくれる人」が必要なのを実感するのは確かだ。

　ハラスメントはもってのほかだけど、悩みや迷いを「晴らすメンター」はいたほうがいい。そのメンターはきっと言うべきことを言ってくれる人だ。もしあなたが「厄介だけどかっこいい」と思えるような人に会ったら、ぴったりとくっついて考え方や生き方を盗むといい。おそらくそれが仕事で最も早く成長する方法だからだ。

煙たい人は買ってでも付き合え。
悩みを「晴らすメンター」となるかもしれない。

嫌いな人とは、
同志になれ

「嫌いな人」でなく、
「合わなかった人」と考えてみる

僕は仕事に「呼ばれる」ことが多い。自ら発案して立ち上げる仕事ももちろんあるが、なんらかの課題を持ったクライアントから発注されることが多いし、プロジェクトが難航している最中に「なんとかしてほしい」と連絡が来るのがほとんどだ。

すなわち、ほぼアウェイ。部外者だし途中参加なので、期待される反面、なんぼのもんじゃい？　と品定めされる。いや、もはや「敵」としてファイティングポーズをとられることが多い。

そこで**大切になるのが**「初動」だ。GOOD NATURE STATIONの事例からもわかるように、クルーの人たちに、**どんな船が欲しいのかを聴くことから始めるのがいい**。間違っても「あなたの船はボロいから沈むよ」とか「最新式の船を買え」とか言ってはいけない。相手の話（置かれた状況）への共感を出発点にしつつ、何が足りないのか、どうしたいのかをヒアリングするだけでもずいぶん意思疎通がしやすくなる。

とはいえ、人間だから嫌いな人もいる。以前、苦手な人や嫌いな人とはどうやってチームになればいいのか？　と若い人から相談されることがあったが、僕には明確な返答ができなかった。なぜなら僕には、嫌いな人があまりいないからだ。正確に言えば、

何か苦手なことがあっても「嫌いな人」では
なく「合わなかった人」としてカテゴライズし、
いつか合えばいいなと願っているからだ。

　前述の通り、これまで僕は、苦手な人や厄介な人とよく仕事をして
きた。小霜さんとの経験もあり厄介な人には慣れたし（笑）、自分と
は異なる視点が増えることで、仕事にいい刺激が生まれるからだ。で
も、嫌いな人を無理やり好きになる必要はない。その代わり、同じ夢
を共有する「同志」になれるように努力する。**ワクワクする未来のビ
ジョンが共有できれば、立場や意思が違っても、それぞれの個性をそ
のままに同じ船に乗れる**。志は、人の好き嫌いを超えられるのだ。

　うまくやる秘訣は、話をよく聴き、こちらの話もよくすること。そ
の会話の中で「同じ目的（ビジョン）」だとわかれば、後は、どうやっ
て未来に向かうかを一緒に模索するだけだ。

　実は、「嫌いだった人」ほどチームを変えてくれるポテンシャルが
ある。これまでになかった意見で面白くなることが多々あるのだ。僕
自身、振り返ってみても、「嫌いだった人」がチームにいたほうが良
い仕事になったことが多いし、大きな学びも得られた。好きな人と仕
事をするのが理想だが、自分の心地よさの範囲外に出ていくことも必
要。きっと仕事の可能性を広げる良い機会となるだろう。

**嫌いな人を好きになる必要はないが、
志をともにすればチームに刺激を与えてくれる。**

越境する時は、
自分が何のプロかを
忘れない

「専門領域を忘れたらただのおっさんだぞ」
と心に刻む

とても厄介でクセが強いけれど、大好きだった先輩に笠井修二さん
という方がいる。プレイステーションの広告群を立ち上げたり、
日産やキリンなどの名作の広告を次々と世に出してきたアートディレ
クターだ。たくさん叱られ、教えてもらったが、僕の仕事の大きな指
針となってきたのが「小西。いろいろやってみるのはいいけど、広告
を忘れたらただのおっさんだぞ」という言葉だ。

　今、世の中を見回すと「いろんな仕事に挑戦したい」とか「違うジ
ャンルの仕事でも成功したい」という越境派が多数いる。もちろん、
新しい領域にチャレンジするのは良いことだが、**まったく違う畑で働
く時も、元の畑で培った重要な技術や思考方法を持っていくべきだ**と
僕は思う。

　越境先には自分よりはるかに高いスキルを持ったプロがいるから、
何かの武器がなければそもそも通用しない。だからそれ相応の経験値
が溜まっている自分の専門領域の技術や思考力を活かしたほうがいい
わけだ。**プロの世界に入っていくには、何かのプロであるべき**。越境
するのは大切だが、自分はできると過信せず、軸足がどこにあるかを
忘れないことが大切なのだ。

その昔、小説家の伊坂幸太郎さんと話していたら「大好きな斉藤和義さんから歌詞を依頼されたんですが、受けないことにしました」という。僕が「もったいない！」と言うと、「だって僕は小説家で作詞家ではないから」と。そして「その代わり小説を書くことにしました」と話してくれた。そこから『アイネクライネナハトムジーク』という小説が生まれた。**そのプロ意識と潔さ。そして小説を書くという結論にしびれたのを鮮明に覚えている**。

その数年後、南青山のジャズクラブ「BLUE NOTE」の「音楽の話をしよう。」というキャンペーン広告で伊坂さんにコピーをお願いした時もそうだった。「私は小説家でコピーライターのプロではないので」と固辞され、その代わりといって短編小説を書いてくれた。その小説は本当に素晴らしく、連動したキャンペーンは大成功に終わった。そして僕は再び、そのプロ根性に深く感動した。

プロとしてプロと接する。それが友好的に越境して、新しい領域の仕事をする秘訣だ。

自分の領域から越境して、そのクリエイティブ力を他のビジネスに応用する試みはどんどんやるべきだ。でも違う領域のプロと仕事をする時は、自分が「広告のプロ」である誇りと技術をもってあたるほうが、きっと良いものが生まれる。それが笠井さんの残してくれた言葉の意味だと、最近何度も思い起こしている。

**もしあなたがあるジャンルのプロなら、
プロとして越境し、別の世界のプロと接しよう。**

軸足はぶらさず、
「ピボット」式で

軸足を決めることが、
越境の秘訣

前項の越境についてもう少し深掘りすると、僕は**「ピボット」的越境が個人にも企業にも良い**と思っている。ピボットとは、バスケットボールで片方の足を軸足にして、もう一方の足を激しく動かすステップのこと。つまり今の仕事の専門性に軸足を置きつつ、新しい世界にも足を置く。本籍地を守りつつ、新しいチャレンジをするのがいいというわけだ。

ただし先に触れたように、「面白い仕事には必ずすごいプロがいる」。それは僕が、面白そうな世界に飛び込み、新しく仕事をする時に常に思うこと。いくら今の領域での技術や思考力を持ち込んだとしてもその世界では通用しないことがままある。だからこそ大切になるのは、ピボットした時にも、フィールドの違う場で打ち勝とうとしないこと。**その道のプロの人々を尊敬しつつ、こちらの道のプロとして、相手が考えつかない新しいアイデアを生み出す**のがいい。

今僕は、広告の他に飲食経営、ブランディング、街づくりを多くやっているが、その仕事では**常に広告に軸足を置き、広告的なアイデアやコピーライターとしての技術を使っている**。「ザ・サウザンド京都」というホテル開発に携わった時もそうだった。目の前には設計のプロ。建築の知識と経験では雲泥の差がある。でもコンセプトやデザインイ

メージを伝えなければいけない。僕たちは悩みに悩んだあげく「**スト ーリー・デベロップメント**」という技法を使った。

これはコピーライティングの技術を使い、そのホテルで生まれる体験を「小説」にして設計に活かす方法。例えば「ホテルに入ると京町家の通り庭のような狭い通路があり……」「振り返ると知恩院のような階段の先から陽が射していた……」といった物語を書き、見せるわけだ。すると、設計の人たちから「狭くてもスーツケース２つが行き来できる幅だな」とか「知恩院なら階段の素材はあれだね」とか「階段の先の壁はガラスに変えよう」というプロのアイデアが出る。それはこれまで経験したことのないエキサイティングなやりとりだったし、結果的にプロ同士で尊敬し合い、ワンチームで画期的なホテルをつくることができた。

越境は魅惑的だが、危うい行為だ。**だからこそ、常に自らが強みとするスキルを意識的に守りつつ、相手にとってもメリットとなる挑戦を行うべきだ。**映画プロデューサーの川村元気さんに「小西さんはいろいろやってるけど、結局そのジャンルを広告してるんですね」と言われたことがあるが、まさにその通りだと思う。

ビジネスが変革期を迎えている今、企業も変わらなければならない。だから魅惑的な領域へ向けて一気に越境することもあるし、別ジャンルの才能とコラボすることも増えるだろう。その時にうまくいくには、**何が自分たちの軸足かを洗い出し、そこをぶれさせずに共創する**ことが大切。そんなピボット的越境こそが時代を切り拓く方程式だ。

自分の本籍地での技術を使いながら、新しい世界に足を踏み入れよう。

センスの正体は、
知識と経験の量と思いやり

"センスがない"のは、
怠慢です

「**私**にはセンスがないのでわからなくて……」それは、クリエイティブの仕事で相手先から言われる一番多い言葉かもしれない。もちろん謙遜しての発言だと思うが、僕はそんな時必ずこう言う。「センスがないのは怠慢なので、頑張って努力してください」。相手は確実に面食らった顔になる。僕もドキドキするので嫌なのだが、あえて言う。**なぜならセンスは努力で獲得できるものだから**だ。

自慢じゃないが、僕はいわゆる「センス」がないのに頑張っているほうだと思う。謙遜でもなんでもなく、これまで仕事をしたデザイナーからはことごとく、「コニタンはセンスないよね」と言われてきたからきっとそうなのだろう。

でも**僕はできるだけ努力して、少しだけセンスを手に入れた**。ではどうやってそうなれたのかをお伝えしよう。でもその前に「そもそもセンスとは何か」皆さんならどう定義するだろう?

僕はセンスが欲しかったので、これまでの人生の中で何度も「センスとは何か」を定義しようとしてきた。例えば、決然と「これがいい!」と言い放って周りを納得させる人に出会うと、「センスとは自信だ」と思ったし、独創的な考え方で目的を達成しようとする人に出会うと「センスとはオリジナリティだ」と思った。幅広い見識でなん

でも答える人を見れば「センスとは知識だ」と思ったし、俗世に迎合しない人に感化されると「センスとは美意識だ」と思った。

そのどれもが間違いではないが、いずれもセンスの一部しか言い当てていない気がする。しかしある日、「センスは才能ではなく、技術じゃないか」と思い至った。より正確に言えばセンスとは「天賦の才能」ではなく「凡人でも努力すれば得られる技術」だと思ったわけだ。なぜなら、センスがあると言われていることのほとんどが「間違わない力」によるものだからだ。

考えてみてほしい。例えば、あの人は良い服を選ぶ、いつもいい店を選ぶ、ディレクションが的確で勉強になる……これらのほとんどは「知識」によるものだ。つまり、その領域に長時間関わった結果得られた知識の量と判断経験の多さによるものと言える。

未来への判断を求められる仕事のディレクションもまた「何度も判断してきたからこっちが正解だとわかる」というもので、やはり経験の賜物だ。そういう意味で、センスは習熟すれば誰もが獲得できる「間違わない力」なのだ。

ただ、いくら経験があっても人への思いやりがないと良いセンスは獲得できない。自分の欲求だけで知識を得ても、センスがエゴになり共感されないからだ。これからは「やってあげたい」という思いこそが良い経験と知識を生む。そういう意味では、いい人のほうがセンスがいい……となる可能性もあるし、僕はそう願っている。

センスを磨きたかったら
ちょっとの思いやりも必要。

まずアンテナを立てよ、「観察、再発見、共有」を!

センスアップの
ポイントを押さえよう

先に触れた通り、僕がコピーライターの仕事をすることになった所以は、単に配属だった。小さい頃から美術が好きだったとか、クリエイティブ職への憧れがあったわけではなく、会社から言い渡されただけ。なのにいきなり「君はコピーライターだ」と言われ、「書け」と指示されても何もわからないから、本当に悩んだ。

　ちんぷんかんぷんなまま会議に出てコピー案を出すと、「はあ?」という怖い目をされ、呆れたと言わんばかりのため息が胸に突き刺さる。自分がいいと思うものと周りの意見が異なることが多く、**発言するたびに「ダサい」と言われてしまう**。逆に「どうせダメだろう」と思いつきを話さなかった時に限って、同僚が自分と似たアイデアを言ってそれが褒められたりする。悔しくなってまたアイデアを言うと、寒い目で見られる。

　最初からそんな調子だったので、すっかり自信をなくして、先輩や同僚と比較しては、自分はセンスのない凡人だからこの場所にいる資格なんてないな、と思う日々が続いた。**入社して数年は「鳴かず飛ばず」どころか、身も心もボロボロで辞める寸前**。でもこの苦しい失敗の日々こそが、センスにつながることを後に知ることになる。

☞ まずアンテナを立てる

　僕はキャリア初期、ただ漫然と失敗を繰り返して、うまくいかないのをいつも何かのせいにして自暴自棄になっていた。それはとても後ろ向きの態度で、一歩も前進できなかった。だがある時、小霜さんの師匠だった安藤輝彦さんに言われた言葉で、目が覚めた。

「小西、アンテナを立てろ。アンテナを立てたやつにしか情報は集まらないぞ」

　クルマの広告を生み出す打ち合わせで「お前、家から会社に来るまでに、どんなの走ってたか今、話せるか？　ボーッと生きているとわからない。でもどんなクルマがいるのかアンテナを立てて歩けば、結構な情報が集まるぞ」と安藤さんは言っていた。

　仕事のセンスを磨くには、何よりもまず第一に「アンテナを立てる」必要があったのだ。**感度を高めて情報を集めないと、いい仕事はできない。世の中と乖離していては、どんなアイデアを出しても上滑りしてしまうし、的確な判断もできない**からだ。

　そう話すと、音楽、ファッション、政治、哲学……と何十本もアンテナを立てようとする人がいるが、いっぱい立てると情報が浅くなるのでおすすめできない。本気で仕事のセンスを磨きたかったら、その中から「面白い！」と思えるものに数本、そして「つくりたい！」と思えるものに1本程度を目安に、感度の高いアンテナを立てることを目指そう。

　センスを磨く第二の指針は、**「観察、再発見、共有」**。これは画家の千住博さんに教えてもらった言葉だ。ある会合で、千住さんは「どうすれば良いアートをつくれるのか？」という僕の質問に、「観察、再

発見、共有。それがアートの本質だからそれを突き詰めるだけ」と答えてくれた。僕は雷に打たれたように驚いた。これはまさにクリエイティビティを生み出すメソッドそのものだし、すべての仕事をセンスアップして、良い仕事へとアップデートするための視点だ。

　すべては「観察」から始まる。世の中をじーっと見る。裏も表も、遠くからも近くからも見る。すると「あたりまえ」だと思っていた世界のどこかに違和感を感じ、世の中でまだ取り上げられていない何かが見つかる。**徹底的に観察することで、見逃していた何かや思ってもみなかった姿が「再発見」される**わけだ。

　再発見。それはとてもいい言葉だと思う。実際、日常のほとんどはすでに「発見」されているように見えるが、実はまだまだ違う見方もやり方もある。千住さんは「実は滝ってこうなんだ！」と再発見したからこそ、あの有名な「滝」の絵を描いた。**再発見は「つくりたい！」の原動力**なのだ。

　そうなると次は、この再発見を「どうすれば伝わるか？」に悩む。それが共有のステップ。ここまで来ればあとは自分らしく表現する。文章でも絵でも企画書でもスピーチでもいい。実はこんなふうになっていたんだ！　こんなに面白くなるんだ！　という驚きを伝えればいいわけだ。

　気になることにアンテナを立て、「観察、再発見、共有」する。この習慣こそがセンスアップのための黄金則。そのトライをし続ければ、良いセンスが獲得できる。

「観察→再発見→共有」が
センスアップの黄金則！

猛スピードで転べば、前に飛べる

失敗にチャレンジする、そしてストックする

「**G**O FAIL（失敗しよう）」——カリフォルニア大学バークレー校の人気授業ではその言葉が掲げられている。成功しようとするより前に、まず失敗するほどのチャレンジをしてみようという提案だが、それほどまでに失敗からの学びは大きな財産なのだ。

実はセンスアップのためには「失敗にチャレンジする」ことが何よりも大切だ。特に若い時には、**安易に「成功する」よりも何度も「失敗する」ことを重視すべき**。そのほうが将来、何度も成功できる力を身に付けることができる。

僕は、センスがある人の失敗談が好きだ。いいなと思う人に会うと必ず「失敗談」を聞くし、有名人の失敗談も数知れず調べてきた。物語としても面白い上、学びも深いからだ。例えばスタイリストの伊賀大介さんは、アシスタント時代、ブランキージェットシティのCDジャケット用の衣装を探し求めて上野周辺を歩きまくったが見つからず、上野駅の歩道橋の所で寝て、2日間浮浪者のように探し続けた（ホームレスの酒盛りにも加わりつつ）というエピソードは笑えたし、結局3日目、ついにお目当ての服を見つけたという成功談も含めて、ここまでの探究心がないと成功しないと教えてくれた。

またAmazonの創業者ジェフ・ベゾスが、「Fire Phone」撤退とい

う史上空前の失敗をした時、「**ホームランを狙ってフルスイングすれば、何度も三振に終わるのは目に見えているが、いずれホームランを打つにはそうするしかない**」と語ったのも、強がりだとは思いつつも、チャレンジする勇気をもらった。

「失敗」には良いものと悪いものがある。何かに挑戦したり自分が思い描いたことを試したりして失敗するのは「良い失敗」。逆に、周りの評価に縮こまって動かずに失敗するのは「悪い失敗」。「はあ？」という周りの目に負けて縮こまっていた頃の僕は、まさに後者の典型だ。

👉 センスを磨くための「失敗ルーティン」

センスとはその領域の知識と経験の量がものをいう「間違わない力」なのだから、別に「唯一無二の何か」を生み出す力がなくてもいい。**仕事の判断で100のうち間違いそうな50を減らせれば、十分にセンスのある人になれる**。しかし、ぼんやりと仕事を続けるだけでは「間違わない力」は獲得できない。

僕がキャリアの初期でボロボロだったことは前述の通りだが、ある時、飲み会の場で先輩に「俺が失敗するぐらいだから、お前はその10倍は失敗するよ」と言われ、心底ムカついたがそこで吹っ切れた。そうか、誰でも失敗するし、俺は失敗が多いほうだ。だったらいっそ面白くすっ転ぼう。

猛スピードで走って転べば、かなり前に飛べるし、きっとめちゃくちゃ痛いから失敗を忘れなくなるはずだ。

不思議なもので、失敗してもいいと決めると人は強い。人は正解し

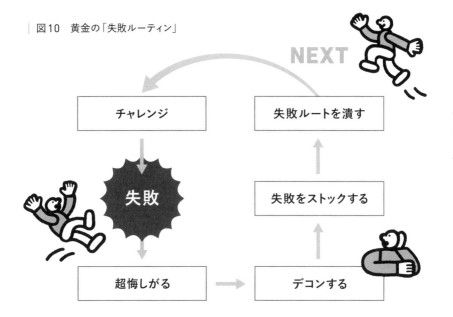

| 図10　黄金の「失敗ルーティン」

NEXT

チャレンジ　　　失敗ルートを潰す

失敗

失敗をストックする

超悔しがる　　　デコンする

ようとするから悩むわけだが、後先考えず面白いことだけを考えてみるのは純粋に面白い。それから僕は、広告というよりいたずらを考えている感じになった。広告のページが真っ白で何も書いてなかったらびっくりするかな!?　とか、超長いコピーを書いたら誰も見たことなくて驚くかな!?　など「うひひ」と笑いながら考え続けた。

　最初は会議で笑ってもらうのが目標だったが、ある時、それができたら世の中も笑うと気づいた。そうならばと、どんどんいたずらにチャレンジした。成功にチャレンジするというより、失敗にチャレンジする感じだった。

　そう考えると逆にまるで失敗しなくなった……と書きたいところだが、その後もたくさん失敗し続けた。実際、プレゼン相手に真顔で「面白くありません」と言われて出入り禁止になったり、スゲー面白いと思う広告をつくったら世間からお叱りをもらったこともあった。

　もちろんすっ転んだらかなり痛い。すごく叱られる。だから次は失

Ⅲ

仕事をデザインする方程式

207

敗しないぞと心から思い、失敗をデコンした。失敗理由がわかるとそれを何度も見返して頭と体にためていった。そしていつの間にか、**「チャレンジする→失敗する→超悔しがる→デコンする→失敗をストックする→失敗ルートを潰す→次の挑戦をする」という黄金の「失敗ルーティン」**ができあがった。

そうしていくうちに、僕の社内での立場が変わる。まずは前例がないことを提案するので面白い人と呼ばれ、回を重ねるごとに失敗ルートを選ばなくなり、いつしか「間違わない人」になり、少しだけセンスのいい人になっていった。

成長に必要なのは**「失敗を恐れずにチャレンジする」**ことだ。最初から失敗を避けている人は、山を登らずに麓を歩いているだけなので、登山の経験を積めない。山に登って、苦しんだり転んだりしてこそ、あの道はダメだという学びが得られる。

そして**「失敗の学びをストックする」**ことも大切。失敗は忘れて次へ行け、なんてアドバイスは愚の骨頂。失敗は歯ぎしりするぐらい悔しがったほうがいい。そうやって体に染み込んだ失敗は、次に同じ失敗を繰り返さない判断力になっていく。これが「猛スピードで転べば、前に飛べる」の真意だ。

黄金の「失敗ルーティン」でセンスを磨こう。
失敗をデコンし、ストックするのも忘れない。

面白いと思うか、
つくりたいと思うか?

人はどの場所で咲くべきか?
答えを見つけるシンプルな方法

「**置**かれたところで咲きなさい」という日本人が大好きな美学があるが、こと仕事においてそれは間違っていると僕は思う。**新しい時代は、自分が育つ場所の土壌も自分が探してくるべきで、土が違うと思ったら自分の責任で移動すべき**だ。それによって咲き方が変わるし、今の時代は土壌を変えることにあまり障壁もなくなった。

自身を振り返ってみれば、学生時代に「咲くべき場所」がわからず、代理店で偶然配属されて今の仕事に就いたし、50代になってようやくこの仕事で良かったと思っているレベルなので偉そうなことは言えないが、若者にはまず好きなジャンルを選び、**その場で一度咲いてみてからほかの土を探す**ことをおすすめしたい。なぜなら、先の「越境」でも触れたように、新しい領域のプロと相対してその場で咲くためには、それ相応の経験値と技術を持っているほうがいいからだ。

ちなみに、どの道に進んだらよいかを決めるにあたっては、羅針盤となる一つの考え方がある。それは木﨑賢治さんの著書『プロデュースの基本』の中にある、「好きだな、いいな、と感じることは誰にでもあるはずです。ですが、自分がいいと感じたものをつくりたいと思う衝動があるかないか。そこが大切なポイントだと思います」という一節。僕は本当に目からウロコが落ちた思いになり、何度も人に話し

てきた。

　ディズニーランドは面白い。ビッグサンダー・マウンテンのつくり込みがすごいとか世界観がほかと違うとか……多くの人がいいと言う。でも「つくりたい」と思わないのが普通だと木﨑さんは指摘する。確かにそうだ。ディズニーランドは楽しいし面白いけれど、別に僕はつくりたいとは思わない。服も建築も好きだけど、自分の手でつくろうと思ったことはない。

　でも好きなものの中にも、どうしてこれは面白いのだろう、どうやってこれは成り立っているのだろう、自分だったらもっとこんなふうに面白くするのにと「つくりたくなる」ものがある。まさにこの、**自分の創造力が活性化するかどうかこそが、単に「好きなもの」と「つくりたいもの」との違いだ。**

　だから、どの道に進んだらよいのか職業選択に悩む若者には、必ずこう聞いている。

「あなたが面白いなと思うものは？　その中でつくりたいとか、変えたいとか思って分析したものはある？」

　人は興味があることは多いけれど、分析までしたくなるものはそれほどない。**「好き！」ではなく「つくってみたい！」「分析しよう！」という気持ちが湧いてくるものこそ、その人がずっと興味を持ち続け、花を咲かせられるたった一つの場所だと思う。**

　ただこれを読んでいる人の中には、つくりたいかそうじゃないかの前に、「自分もつくれるのだ」ということに気づいていない人もいるだろう。日本の教育では「うまくやる」ことは覚えられても、「つくれる」という可能性は学びにくいからだ。

でも実は誰もが、起業する経営者やクリエイターになれる素質を持っている。日々の暮らしの中で「つくりたい！」と思えれば、もうそれがクリエイターの第一歩。まずは自分の能力を信じてあげることから始めよう。

☞ 街に出て、人に会おう

さて「つくりたいものがいっぱいあって選べない」という人もたまにいるが、そういう人には、とにかく「面白いと思った人に会えば？」と伝えている。手が届かないなと思う人でも会おうとすると会えることがあるし、そうでなくても想定外の縁が生まれたり、いろんな考え方に出会えたりする。それは人脈をつくるというより「興味脈」をつくるに等しい。リアルに人に会うとどれだけネットで調べても出てこない情報や気づきが得られることも珍しくない。

アンテナを立てて、街に出て、人に会う。それが「面白い」を超えて、「絶対やってみたい」と思える仕事に出会える最短ルートだ。

もはや成功の理想形がない時代にイキイキと生きるには、好きになることを突き詰めるしかない。そこから「つくりたい」と思うことを見つけ、やってみる。ダメならそこまでに培った経験と技術を持って、土を変えてみる。それを繰り返していくことが、結果的には幸せに近づくことになる。

会いたい人に会おうとすると、興味脈が広がる。
どの場所で咲くべきかの道筋も見えてくる。

考える＝ "目的にたどり着く方法" をひねり出す

目的なく仕事をするより、価値を生み出す「志事」をしよう

もっと深く考えろ──。それは師匠の小霜さんに何度も言われた言葉だ。当時の僕はいちいち反論しないで「はい、もっと考えます」と言っていたが、心の底では「昨日も夜中いっぱい考えたのに！」と叫びたい一心だった。でもその問いから「どう頭を使うべきか」が鍛えられていったのは確かだ。

　僕は若者と仕事をする時、トレーニングとしての愛を込めて「これ、ちゃんと考えた？」と問いかけることが多い。するとたいてい「考えました」と返ってくる。でも重ねて「考えるってどういうこと？」と問いかけると、「えっと……」と言葉に詰まることがほとんど。つまり**私たちは「考える」ことの意味もわからずに漠然と「考える」という言葉を使っていることが多い**わけだ。

「考える」とは「知識や経験などに基づいて、筋道を立てて頭を働かせる」「関係する事柄や事情について、あれこれと思いをめぐらす」ことだと辞書に書いてあるが、僕は、**仕事における「考える」の本質は「目的にたどり着く方法をなんとかひねり出すこと」**だと思っている。ただ状況をロジカルに分析するだけでも、説明書類を綺麗につくることでも、理想に思いを巡らせるだけでもない。

設定したゴールに「こうしたらたどり着きます」という具体的な方法を生み出すのが「考える」ということ。

例えば「一億人が使うサービスを3日で考えろ」という仕事が来たとしよう。一晩中考えて、結果「無理です」とか「考えつきませんでした」と言う人がいるとしたら、それは「考えた」ことにならない。ただ時間を無駄にしただけ。なんとかして方法をひねり出し、アイデアのアウトプットまでいって初めて「考えた」と言える。

世の中は、人員は増えないのに業績を上げろとか、売れ行き不振の商品を売れるようにしろとか、競合の多い中でプレゼンを通るようにしろとか……無理難題だらけだ。でも、**投げ出さずに「なんとかやり方をひねり出す」ことを繰り返していると、とんでもないアイデアの発明ができたりする**。ルールが厳しいほど面白いアイデアは生まれやすい。「考える」とは「どうすれば」「なぜだ」「こうじゃないか?」「違った」「じゃあこれは」……とひねり出すチャレンジの連続にほかならないのだ。

☞ 仕事じゃなく、「志事」をしよう

時々「あの人、むちゃくちゃ仕事ができるんですよ」と言われる人がいるが、何が違うのだろうか? もちろん「あの人は長時間残業して頑張っている」からではない。**「あの人が関わると業務がうまくいく」**からだ。その人の存在で、滞っていた案件が動き始めたり、人の関係がスムーズになったりといった、他の人にはできない「価値」を生むからこそ評価されるわけだ。突き詰めれば「仕事をする」の定義は「成すべきことを達成するために、『価値を生む』行為」だ。つま

り価値を生まない行動はすべて「仕事ではない」と言える。

　先日ある打ち合わせで、クライアントからの情報をまとめただけの資料をたっぷり時間をかけて読み上げる人が「仕事しました！」という顔をしているのを見て、少し悲しくなった。**「価値を生む」という意識で「仕事」していれば、その情報から課題を見つけ、目的にたどり着くためのアイデアを提案するだろう**。でも、彼だけを責められない。なぜならそのプロジェクトに明確なゴールが提示されていなかったからだ。ゴールがイメージできていないと、何の「仕事」をすればいいかの判断ができないのも事実。設定されたゴールがワクワクする未来であれば、誰もが積極的に仕事を考え、参加する。そうなればただ時間を使うだけで「仕事をした」と考えなくなり、生産性も上がるだろう。

　やはりすべての仕事には「ビジョン」が必要だ。だから僕は「仕事」という言葉は「志事」と書くほうが正しいのではないかと思っている。**「仕事」に終わらず「志事」をしよう**。その言葉を目の前に書いておくだけでも、目線が上がるし、具体的なアウトプットが増えていくのではないだろうか。

目的にたどり着く具体策をひねり出す
「志事」をしよう。

無理難題、
たまにはウエルカム

「高い思考ハードル」の設定が
チームの結束力を高める

例えば、「半分の費用で売上を倍にしろ」という無理難題が舞い込んだとしよう。これは非常に厄介な仕事だが、僕は、チームの結束力を高め、新しいやり方を発明するにはこのぐらいのむちゃぶりも、たまにはいいと思っている。

一見「超えられそうにない」ハードルが設定されるとこれまでのやり方では通用しないから、チームで新しいやり方を発明しなければならなくなるからだ。

これが「10％コストを下げて……」や「納期を1週間早めて……」のように、**頑張ればなんとかできそうな課題だと、既存のやり方を変えず、「みんなが無理して」やってしまう**。過剰な残業をしたり、関係会社に頼みこんでなんとかする。それでは生産性も関係性も低下する上に、やり方は何もブレイクスルーしない。

「無理難題」の良いところは、「やり方発明」のきっかけになることと、チームがそのハードルを「合言葉」にすることで高いモチベーションが生まれることだ。以前に聞いた孫正義さんのエピソードの中に

「ある開発の工期を1年間から10ヶ月に縮めるという上申に対し、正義さんが「**半年でやるように**」と指示したことで、**結果的に新しい方法が生み出されて工期が半減し**、スタッフの負担も減り、チームワークが格段に上がったという奇跡的な話があった。「高い思考ハードル」の設定が新しい方法をつくり出したわけだ。

　当然ながら、パワハラ的なアプローチは論外だし、誰かをひどく追い詰める課題の設定はやめたほうがいい。ただ、**うまくすれば、難しいハードルがクリエイティビティを刺激し、新たな解決策を生み出す起爆剤にもなる**ことは、頭に入れておいてよいと思う。

　例えば本書の冒頭でも紹介した「はなまるうどん」の「期限切れクーポン大復活祭」というアイデアが生まれたのも、実はクライアントと共同で無理難題レベルのハードルを設定したことがきっかけだった。キャンペーン費用を爆下げして、効果を爆上げするというハードルだが、結果的に、他社のクーポンを使って「印刷費もゼロにする」という画期的なアイデアに行き着いたわけだ。

　これが、無理難題の効果であり、追い詰められたところでこそ生まれる発想力だ。もちろん**過度な無理はいけないが、もしそういう状況になった時は、自分一人で背負いこまず、チームの仲間とともに「発明しよう」とゲーム感覚で面白がってほしい**。きっと意外なほど成果が上がる。

無理難題を課されたら逆にラッキーだ。
新しい方法を生み出すチャンス。

困った時は、
不満に戻れ

寝るか、遊ぶか、
不満に戻るか

本書ではいろいろなアイデアの生み出し方のコツをお伝えしてきたが、現実的なチームワークの中で、そんなにいっぱい考えを取り込めないよ……という場合も当然あると思う。僕自身、性質の違うさまざまなプロジェクトの中で、本書のメソッドすべてを使って仕事をしているわけではない。**その時々に使いやすいものを使い、考えやすいアプローチを採用している**。だから、あまり根を詰めて考えず、今回これは使えるなと思うものを採用するのがいいだろう。

　ただ、メソッドをいくつか使っても、チームでなかなか状況を打破できず煮詰まってしまうことがある。そんな時はどうするか？　おすすめの思考ツールは「困った時は、不満に戻れ」だ。

　ビジネスの世界にはいろいろな無理難題があるし、突破口が見えない時もある。そんな時、僕は必ず一旦みんなで不満に立ち返る。例えば、先の「半分の費用で売上を倍にしろ」という無理難題の時もそうだった。実はこれ、今から30年ほど前、ある食品会社のチームに言い渡された本当の指示だ。当時の僕は代理店で入社2年目だったが、食品会社チームに混ざって企画の立案をしていたから、その無理難題を直撃で食らった。その時の気分は最悪。仕事も増えるしさんざんな思いだった。でもその時にチームを率いていたリーダーがみんなを巻

き込んでその壁に挑むように仕向けてくれた。彼がその時に提示した問いは「なぜ『半分のコストで売上を倍にする必要があるのか』から考えよう」。今で言う**「WHY？」の探求**だった。

　もしかすると経営層からの指示の意味は単に「企業利益の増加」だったかもしれない。そこにある意味「こじつけ」でも大義を設定しようとしたわけだ。**チームでやったことは、「そもそもなぜだ？」を徹底的に繰り返して、本質課題（すべてを解決する本当の課題）へ行き着くことだった。そのために「食品にできること」を考え、特に「食への不満」を徹底的に追求した。**

　どんな時も「不満」が解決の糸口になる。それはこの時もそうで、結果、若者が「お金がなく」「体に悪いと思っても我慢して食べる」しかないという「隠れ不満」を見つけた。そしてたどり着いたのが、「お金のない若者でも毎日安心して楽しめる健康的な食品の開発」という本質課題だ。それを解決しようと掲げた瞬間から俄然チームのモチベーションも上がり、結束力も強まった。

　仮に企業のエゴから生じた課題でも、一度**世の中の「不満」から考えれば、世の中にとって「意義のある課題」に変えられる。**それを見つければ働く人のためにも、企業のためにもなると思う。

　さて、事の顛末はどうなったかというと、悲しいことに社内事情がいろいろあり（工場への投資とか人材配分）、提案で終わってしまったが、メンバーとは強い絆が生まれた。まさに「不満」はアイデアの起点であると同時に、困った時に回帰する場所なのだ。

煮詰まったら、世の中の「不満」から考え、本質課題にたどり着こう。

挫折した時こそ、文句よりアイデア

心が折れそうなチームには、励ましでも空元気でもなく、アイデアが必要だ

その昔、代理店にいた時のこと。ある得意先への提案がまったく受け入れられず、数日後に再度プレゼンとなったことがあった。徹夜で作業をしていた僕たち若手は「またこれが続くのか?」とひどく憂鬱だったが、先輩たちが「もう一度考えよう」というので重い腰を上げようとした。その時、ECD(エグゼクティブ・クリエイティブ・ディレクター＝広告業界で偉い人)が扉を開けて入ってきて笑顔でこう言った。

「もう一回考えられるんだから、幸せじゃん!!」。無神経なセリフに、僕たちは肩を落としてその上司を睨んだ。なんとか生まれたみんなのやる気が「ポッキリ」折れた音がした。

今、僕はそのECDという役割でチームを率いることが多いが、チームが負けたり挫折した時にリカバーすることこそ重要だと思っている。僕のイメージではオーケストラがチューニングをする際に、最初の一音を出す感じ。そこから全体の音を調整していくわけだが、例えば「まいったね。どうしようか」だとその後は暗くなるし、かといって明るく「まあいいじゃん」でも余計に落ち込む。

そんな時、僕は**「アイデアという最初の一音を出す」**ようにしている。みんなの気分に同調して文句を言う代わりに、「こういうアイデ

アだといけるんじゃない？」と投げ込むわけだ。そうすればチームは前向きになるし、「僕らも考えなきゃ」とメンバーも乗ってこざるを得なくなるからだ。

実は僕がこの**「文句よりアイデア」**という思考ツールを手にしたのには大きなきっかけがある。それはある飲料メーカーでの仕事の時。提案して進んでいたCM企画が、クライアントからの突然の変更でNGになったのだ。クライアントの担当者は平謝りで、説明とこれからの方針を話してくれていたのに、僕はプリプリと怒り、「それはないでしょう」と文句を繰り返していた。その時、隣にいたのは僕よりも年上のCD・永見浩之さん。ずっと下を向いていたから僕は「永見さんもやっぱり怒っている」と思い、さらに加速して「困った、まいった」を繰り返していた。

すると永見さんが突然、「この案でどうでしょう？」とCM案を出したのだ。なんとその案は、クライアントが提示した新しい課題もクリアしているし、前の案よりも良くなっていた。それを見たクライアントは大喜び。そして僕は顔を赤らめて絶句した。あの恥ずかしさは一生忘れない。そこから僕は、**「落ち込んだり、怒ったりする暇があれば、アイデアを考えよう」**と固く心に誓った。そしてチームのみんなにもそういう姿勢であってほしいと心から願うようになった。

もちろん失敗で気持ちが落ち込んでいる時にアイデアをひねり出すのはきついが、チームを率いるとはそういうものだから頑張るしかない。そう思って日々仕事をしている。

失敗したチームをやる気にさせるには、アイデアという最初の一音を出す。

迷ったら、三択

"選択迷子"が増えた時代、
三択で選択を楽しくしよう

選べるものが多いと、人は悩んで動けなくなる。それはメニュー選びでいつも思うことだ。メニューの多さが売りの定食屋や中華料理屋なんかに行ったらひどいもので、メニューを見ているだけで10分以上かかってしまう。僕はまだマシなほうで、友人の中には悩みすぎて不機嫌になり、そのあげく選んだものが「美味しくなかった」と落ち込む人もいる。**多すぎる選択肢は、逆に人を不機嫌にする**のだ。

　そもそも人が扱える情報量はそれほど多くはない。インターネットが生まれ、スマホまで登場したことで、目に触れる情報量は爆発的に増えたが、その結果幸せになったかと言えば、情報の海の中で溺れることになり苛立ちを生んでしまった。**「平安時代に一生かけて目にしていた情報量は現代人の1日分だ」**という話もよく耳にする。デジタル広告からSNSまで日々とてつもない情報量に「依存して」暮らす現代人は、心への負担も相当大きいことは確かだろう。

　そろそろ選択肢を減らしたほうが人間にとって幸せじゃないか、と僕はよく思うが、それを強く実感するのはNetflixを開いた時だ。ホーム画面で新しいコンテンツやおすすめなどをあれやこれや提案されて、それぞれの予告編などを見ているうちに何十分も時間がたち何も

せずに終わる。僕が「あの無駄をなんとかしたい」と愚痴をこぼして
いたら、それに呼応する人たちが現れた。それが戦略プランナーの吉
田健太郎さん、ビジネスプロデューサーの原田裕生さん、そして
SIGNING代表の亀山淳史郎さん、だった。

👉 "選択迷子"を救え！

　僕には昔から、コミュニケーションでクライアントや世界を幸せに
するなら、マスコミ＋ソーシャルビジネス＋クリエイティブが業界の
枠を超えてつながるアイデアコンソーシアムがあったほうがいいとい
う思いがあり、それを実行するために「ただああでもないこうでもな
い」と話す会を月一ぐらいで開催している。彼らはその会の主要メン
バーだったが、そこで吉田さんが発した「最近、選択迷子増えてます
よね」という言葉が僕たちの心に刺さり、迷子になっている無駄な時
間を有意義な時間に変えるという使命が生まれた。そうして、

人類の知恵である「三択」を現代に広めて、世界中の「選択迷子」を救おうという、壮大にして、ゆるゆるの試みが始まった。

　そこから生まれたのが「さんたクン」というウェブサービス。そし
てさらに、「日本三択協会」という真面目な研究団体も創設した。今
も、「三択でお幸せに。」というスローガンのもと「無駄な選択の時間
を、三択で豊かな時間に変える」活動を日々繰り広げている。
　「三択」はとても選択しやすくなる普遍的な発明だ。中華で100以上
のメニューがあっても、おすすめの三択が「八宝菜」「レバニラ」「エ
ビチリ」ならすっきり選べる。音楽マンガが読みたいと思ったら、

『BLUE GIANT』『BECK』『PPPPPP』と出れば実に選びやすい。Netflixなら、その日の気分に合わせて「これはどうか？」と三択を提示してくれれば、じゃあ見てみるかという気持ちになれる。

　それらが興味のある人が選んだ「三択」ならなおさらだ。映画監督樋口真嗣さんの選ぶ映画3つ、ミュージシャンのくるり岸田繁さんの選ぶ音楽3つ、マンガ編集者の林士平さんの選ぶマンガ3つ……。これは見たいし聞きたいだろう。実際その3名にも参加していただいた「三択展」なるものも開催したことがあり、活況だった。情報過多の時代だからこそ、三択に興味を示す人は多いのだ。

　思考ツールとしての三択は自分の仕事をデザインする上でも重要な技術だ。タスクが多すぎて迷っている場合、**まずはTODOからランダムに3つ選び、そこから1つ選んでやるだけで「動き出せる」**し、滞っているプロジェクトなら、チーム全員それぞれから解決すべきタスクを3つ出してもらい、そこからチームとして三択を決めて、各人が選んで行動するのもいい。

　どんなジャンルの仕事でも、動けないのは課題やタスクなどの選択肢が多くて「何から手をつけていいかわからない」ケースがほとんど。まずは軽く3つ選び、それから1つ選ぶ。それでいい。

　三択にすれば、選択にかけていた無駄な時間を「動く」豊かな時間に変えられるわけだ。まさに、三択でお幸せに、である。

三択に絞ると、優先順位が見えてくる。
迷っている時間を行動する時間に変えられる。

絵を描く時は、
色数を絞ろう

「300 → 50 → 10」発想法で
制約をバネにする

二択の極意は「選択肢を制限する→行動しやすくなる」ことで、それは仕事にも応用できると話したが、もう一つ制限するというテーマで仕事に応用できることがある。それは前にも触れた**「行動を制限する→よりクリエイティブな発想ができる」という方程式**だ。

　小さな子どもたちにクレヨンを渡して絵を描いてもらうと、本当に自由な絵が次々と生まれてくる。「描きたい」という衝動に素直に従って行動するからで、周りの目を気にしたりどう描けば褒められるかと勘ぐったりしないからだ。

　対して大人は、周りをキョロキョロ見ながら、「何を描けば良いのですか？」と課題を求めたりする。つまり**課題が与えられないと描きたいもの（＝WHAT）すら決められないから、それをどう描けば良いか？（＝HOW）に行き着けない**わけだ。それは多くの教育者が指摘するように、「あらかじめ正解の用意された設問を解く受け身の教育」を受けてきたことで、自分で問い（課題）を見つける力が養われず、自分で「WHAT」を決められなくなっているからだろう。

　でもだからといって諦めなくても大丈夫。大人も、自由な発想を手に入れやすい条件がある。それが**「行動を制限するとよりクリエイティブな発想ができる」という法則**。実際、ルールがないよりルールが

あるほうが考えやすくなる。たくさんのクレヨンを渡されて、「さあ自由に絵を描いてください」と言われたら何を描けばいいか戸惑うが、「黒、赤、緑の3色を使って絵を描いてください」と行動を制限（ルール化）されると、「3色でどうやって面白い絵を描くか？」という**行動の課題**が設定されるので、途端に手を動かしやすくなってモチーフや描き方を模索し始める。それはまさに「クリエイティブ」の発動だ。でもなぜそうなるのか？

人は制限された不利な条件に置かれると、その中で「何をどうするか？」を想像し始める習性があり、そうやって人類は生き延びてきたからだと思う。

☞ 制約があるほど、燃える

「確かに絵は制限があったほうが良さそうだけど、仕事はそんなに甘くない」と言う人もいる。もちろん仕事には絵と比較できないほど厳しい条件がいっぱいある。でもそれをネガティブにとって悩むか、ポジティブにとって楽しむかは考え方ひとつかもしれない。

　以前、建築家の安藤忠雄さんがなにかのインタビューで「きれいに整地された土地で、周りの環境も素晴らしいという場合、私はその仕事を受けない。どうしてかって、面白くないから」と話されていて、すごく共感したことがある。

　あれもこれもできない、という難しいお題のほうが、「何をやれば？」「どうやれば？」を必死に考えるから、クリエイティブな発想が出てくるわけだ。

　「プレミアムフライデー」を考え始めた時もそうだった。消費活性策

なんて国レベルのお題は考えたこともなかったし、まだ言葉すらなかった「働き方改革」なんてできるはずないと思っていた。お金もかけられないし、動ける人も限られている。何もできなさそう……というのが本音だった。だが、当時のプロジェクトメンバー（浜野良太さん、亀山淳史郎さん、僕）は超難問マニアだったので、その逆境を糧として解決に乗り出した。そして矢印クリエイティブ（X→Z）や広告の技術を使ってその扉を開いた。まず「短期の支援→サステナブルな習慣」。国からお金やクーポンを渡すのではなく、お金を使いたくなる時間の創出とその使い方の提示を徹底した。そして「国主導→民間主導」。民間企業が自ら動きやすくなるスキームやメッセージ開発を目指した。さらに「国費を使う活動→お金を使わない活動」。国、民間企業、メディアが連携し、それぞれが少しずつお金を出すことで「三方よし」なコミュニケーション（広告）スキームを発明した。

　これらのアイデアの集大成が「プレミアムフライデー」だ。初年度の知名度95.7％。経済効果は2000億〜3000億円（みずほ総合研究所試算）で、働き方改革へのきっかけをつくったとも言われている。もしあれほど厳しい「制約」がなかったら既存のやり方を踏襲したかもしれない。逆に「何もできない」ぐらいだから、突破するアイデアを考えられた。やはり**逆境はアイデアにとってご馳走**なのだと思う。

　さて、こんなに過激な制限がなくても仕事をクリエイティブにすることはできる。特に企画や発想をする上で制限を設けるトレーニングはおすすめだ。

　それが「**300→50→10**」**発想法**だ。やることはシンプル。

① プロジェクトの中にあるバラバラの情報やルール、やるべきことなどを300文字で書く。
② それを元に、より重要な情報に削ぎ落として50文字でまとめる。

③最後にそれを人に伝えるために、10文字で書く。

　これは僕が考案したコピーライティングのトレーニング手法だが、ビジネスの各場面で使うと、思考の妨げとなっている過去の成功事例や周りの目などのバイアスを削ぎ落とすことができ、重要な内容にフォーカスすることができる。最後に10文字にするのは至難の業だが、これによりプロジェクトの究極的な核心がわかるし、人と共有もできるようになる。

　他にも、「まず1分で結論を出してみる」とか、「概要を知らない人に3分で話してみる」などの制限方法もあるので試してほしい。大切なのは考えるプロセスを制限すること。そうすれば、いらない情報を捨て、何を描き、どう描けばいいかが見えてくる。

制限された不利な条件下でこそ
人は「なんとかやろう」と考える。

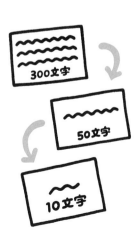

文章修業は、カラオケで

読みやすくて伝わりやすい
文章の秘訣はリズム感にあり

「**ど**うすれば文章がうまくなりますか？」とよく聞かれるが、迷わずこう答えている。

「書いた文章を歌ってみるといい」

その心は、またもや愛すべき師匠・小霜さんとの逸話の中にある。先に紹介した「お前なんかいらない」という衝撃的な言葉から始まった異動初日の夜、小霜さんは僕を食事とカラオケに誘ってくれた。歓迎会かなと思い、夜中までカラオケで歌った帰り道のタクシーの中で、小霜さんから「お前、これからも居ていいよ」と言われた。僕は朝の言葉が冗談じゃなかったことに驚きつつ、不思議に思って「どうしていいんですか？」と聞いてみたら、**「歌がうまいなら、コピーはうまくなるから」**という意外な言葉が返ってきた。

言葉はリズムである。心地よい文章は、本当に美しいメロディのようだ。文章は、文字というよりは音符の羅列に近い。そのくらい文章と音楽は似ていると小霜さんから教わった。もちろん個人的な見方だし、すべての人に当てはまるわけではないが、あながち間違いではないだろう。言葉には音韻が、文章の背後にはリズムがあり、そのつな

がりが気持ちのよい文章は読みやすく、ドライブ感があって、内容が伝わりやすい。

　いやいや、リズムとかの前に、そもそも文章を書くのが苦手。途中でいろんなことが気になってなかなか書けないんです、という人もいるだろうから、途中で億劫にならずに書くコツを伝えよう。

　とにかく「ざっと一気に書き上げる」ことだ。細部を直しながら書き進めない。重複があったり、わかりづらいと感じても、まず書き上げることが大切。特に「ビジネス文章」の場合、大切なのは中身だから、形式にこだわったり、文学的表現に凝る必要はなく、とにかく趣旨がストレートに伝わる文章にすることを目指す。そのためにもまずは書きたいことをザッと書き出してみることが大切。内容が伝わるかを考えて見直すのは後でいい。

　その上で、さらに良い文章にしようとするなら、一度、**自分の書いた文章を、好きな音楽にのっているような気持ちで口ずさんでみよう。できれば足や頭を動かしリズムをとるといい**。すると、流れが悪いところ、つながりがクドいところ、重すぎるところ、逆に内容が薄いところがはっきりとわかってくる。それを意識して文章を推敲していくと、驚くほどクリアで伝わりやすい文章になると思う。

　何度も歌っていればカラオケがうまくなるように、**文章も何度も書き直すことでうまくなっていく**。その時リズムを意識すれば加速度的にうまくなる。だから、文章を磨きたかったら、言葉とリズムを体感できるカラオケがおすすめなのである。

歌だと思って文章を書こう。
きっと驚くほどうまくなる。

街に出て、写真を撮ろう、 メモをとろう

「トレ！トレ！トレ！」の 小西流情報収集術

しばしば「小西さんはどのぐらい本を読むのですか？」と聞かれる。きっとアイデアを生むため大量にインプットしているイメージがあるのだろうが、皆さんの期待に反して、近年あまり本を読めていない。映画や音楽についても同じ。

とはいえ、中学時代には、サークルの上映会まで含めると年に300本は映画館で見ていたから、1000本近くの映画を集中的に見ていたし、高校で洋楽にハマった時は、ビデオに録画したMTVを擦り切れるほど見て、年100公演ぐらいライブに通っていた。本についても星新一さんや筒井康隆さん、さらに伊坂幸太郎さんなどを中心に好きな作家の作品を年数百冊読んでいたし、マンガもかなり読み漁っていた。

それから考えると最近のインプット量は少なくなったが、逆に取り込む情報は増えたと思う。どうやって時代にキャッチアップする情報を得ているのか？　答えは簡単、**「教えてもらう」**である。

僕は、知ったかぶりをしない。若い頃から今まで、**口癖は「どうして？　それ何？　教えて！」**だ。現代は情報で溢れているから、情報を取捨選択するだけでも大変だし、正しい情報ソースにあたるのも難しい。フェイクニュースも増えたし、誰かが恣意的に出している情報に翻弄されるのも嫌だ。それを回避して**精度の高い情報を得られる方**

法が、「人に聞くこと」。できれば「ぜひそれについて話したい」と思っている人に情報を聞くことだ。

　どんな領域にもプロはいるし、その分野が好きでとにかく詳しい人がいる。彼らの話はとても簡潔でかつ深いから、こんなに素敵な情報ソースはない。だからその人が10代だとしても僕は敬意をもって話を聞く。世界最高齢のプログラマーと呼ばれる若宮正子さんは「自分の知らないことを一つでも教えてくれるなら、子どもでも先生と呼ぶ」と語っていたが、まさにそれと同じ感覚。

　世の中の動きに敏感でいるためには、気持ちよく情報を教えてくれる人たちを自分の周りに何人おけるか、が大切なのだ。僕には、10代のミュージシャンから、建築家、陶芸作家、70代の音楽評論家まで、多様な年齢とジャンルの友人がいる。僕が新しいミュージシャンの情報や面白い映画やドラマ、ビジネスや世界の情勢のことをよく知っているのは、彼らのおかげだ。そんな人たちと情報を分かち合いながら感度を高めて生きていくのがいい。

☞ 街は発見の宝庫。写真を撮り、メモをとろう

　さて、もう一つの僕の大事な情報源は「街」である。街なかは情報の宝庫で、キョロキョロして歩いたり、知らないお店に入ったりするだけでも発見だらけ。僕はそれを **メモフォト** で残しておく。写真を撮ったら数行のメモを残す手法だ。

　以前 ROPÉ PICNIC というファッションブランドの撮影でパリを訪れた時もこの「メモフォト」をたくさん撮った。写真を撮るだけの人もいるがその時に、どこかに日付をつけてメモを残す。そうするだけで「隣の面白いおじさんが話したこと」や「街のおしゃれなディスプレイで感じたこと」を後で思い起こすことができる。これはただ写

201304
ROPÉ PICNIC　ファッション　都市開発

地下鉄の入口、入ってみたくなる。
ビルの中、へんなところにこんな地下鉄の
入口をつくると入ってみる人がいるかも

真を撮ったりするだけより、街の情報を捉えられるし何より未来につなげられる。実際に僕はEvernoteにこのメモフォトをストックしているが、好きなツールで残すとよい。SNSを活用するのもいいだろう。**僕にとってのSNSは発信というよりは再発見のためのアーカイブ**だ。自分の目で見た風景で面白いものを記録し、未来の自分が発見するために使っている。だから僕は街に出たら、写真を撮り、メモをとる、そして撮れ高を残す。「トレ！トレ！トレ！　我、情報収集に成功せり」だ。

　ちなみに、写真を撮る時にも、一つのテーマをもって撮るとより興味が持続する。僕の場合は「＃頭の上になんか生えてる展」というテーマで撮り続けている写真もある。僕のもじゃもじゃ頭の上に塔のような出っ張りを乗せて写真を撮るわけだ。世界中でいろんなものを生えさせてきた。いつかどこかで発表しようと思っている。

**街に出て、いろいろな情報と出会い、
メモフォトを残し、未来の自分へ贈ろう。**

最強メモ術
「セルフ・セレンディピティ」

メモを、ランダムに見返そう。
昔の自分に今出会う思考ツール

メ モの話が出たので、ここで改めて僕の情報整理術と活用法について話しておこう。まず大前提として、無理して情報収集する必要はない。興味の持てない情報を食べても美味しくないし、アイデアに昇華されずに消化不良を起こし、悩みが増えるだけだ。

情報収集の鉄則は、心に残ったものだけを集め、見返すこと。

すべての情報を覚える必要はないし、ましてや活用しようなんて考えなくていい。**記憶に残らなかったものは自分にとっては必要ない情報**だ。時折、自分が捨てた情報を誰かがうまくアイデアにしたのを見て悔しがる人がいるが、そのアイデアはそもそも自分からは出ないものだから悔しがる必要はない。

そうやって選別された情報は、検索しやすいようにタグをつけて残すといい。デジタルはもちろん、紙のメモでもタグをたどって探しやすくなる。タグのつけ方は、①日付　②ブランド（クライアントorプロジェクト）　③テーマ（都市開発／ファッション／飲料など）　④関連事項（将来関連するかもしれないこと）ぐらい。例えば「201304 ROPÉ

| 図12　メモの例

20210319
ミュージシャン○○　心構え　インナーブランディング

事柄を違う角度で考えて、心にしまう。
こける、痛い、なんでこんなとこに……ではなく、
そのことで、大きな怪我しなかったとか、誰かに出会えたと
考えて、心にしまうと、おだやかでいられる

PICNIC　ファッション　飲食／都市開発」とか「202404 三菱地所　都市開発　コミュニティ／音楽」のような感じだ。日付はとにかく必要。後で思い返すために最も大切なタグ。ブランドとテーマ、関連事項があればより思い出しやすくなるし、将来同じジャンルを担当した時に活用しやすい。

　どうしてこんなに丁寧にタグをつけるのか？　それは、**メモが情報を記録したり整理したりするためではなく、仕事をクリエイティブにするためにあるから**だ。実は、

情報は必要な時に参照するのではなく、偶然に出会うことでアイデアへと変わる。

　それを僕は **「セルフ・セレンディピティ」** と呼んでいる。
　セレンディピティとは「偶然」のこと。さらに言えば「偶然の産物」とでもいうものである。アイデアはゼロから生まれるのではなく、何かと何かのかけ算であることは何度も触れてきたが、長年そのロジックに進化はなく **「傑作は偶然が生む」** と思われてきた。つまり「た

またま閃く」モノ・コトのかけ合わせを待つしかなかった。その偶然を誰もが意図的に生み出せるのがこの「セルフ・セレンディピティ」。シンプルな方法でアイデアが閃く可能性を高める思考ツールだ。

やり方は簡単。デジタルメモやノートにストックした情報、さらに先程の**「メモフォト」をたまに見返し、気になるページを開き、ランダムに見ていくだけ**。そうすることで、今の仕事や興味とメモの情報とのかけ合わせが生まれ新しいアイデアの種となる。タグの「日付」を辿れば、同じように暑い日に何を考えていたか、春の別れと出会いの気分はどうだったか？　など、季節による共通の思いに触れることもできるし、タグの「テーマ」で見返せば、前に失敗した時の情報と出会って同じことで苦しんでいるな……など、忘れていた考え方にも出会える。この出会いは本当に頭を刺激し、クリエイティブの発動を後押ししてくれる。このようなメモを使った情報とのセルフ・セレンディピティは僕の密かなアイデアの源泉なのだ。

最後にもう一つ情報収集のコツを話そう。それは、**インプットしたらできるだけアウトプットすること**。見たり聞いたりしたら、すぐに、できるだけ早く人に話す。聞いたら3分後のプレゼンのマクラでも話す。口から出ると意味が理解されて、ひときわ心に残る。それを繰り返すとその情報はより洗練されて、綺麗に記憶の棚に収まる。その時に話した言葉や相手の表情がタグとなり、その情報のアクセスがしやすくなる。ぜひ合わせて試してみてほしい。

整理しておいたメモやノートは、偶然再び出会った時にアイデアへと変わる。

働き方は、
バンドとソロで

個人でしかやれない挑戦を
チームに持ち帰る好循環を生もう

時折、副業について質問される。本業とは別に副業を持ったほうがいいのか？　どういう形なら本職とシナジー効果が生まれるのか？　云々かんぬん。そこで、キャリアデザインの参考になる生き方をひとつご紹介したい。

　僕の尊敬する友人のひとりに料理人の高木慎一朗さんという人物がいる。金沢の老舗料亭「日本料理 銭屋」の二代目主人であり、世界を飛び回る料理人。仕事では、彼が料理を監修したアマン京都の「鷹庵」のブランディングでご一緒しているが、プライベートでもずっと仲良くしてもらっている料理界の巨人である（本当に背が高い）。

　そんな彼と仕事の話になった際「高木さんは今後どういう風に働くんですか？　銭屋が中心？　それとも個人として世界で？」と質問をしたら、こんな答えが返ってきた。

「ミックも、ストーンズとソロの両方やってるでしょ。そういう働き方が理想ですね」

　僕はその答えの明快さに驚き、そしてその働き方に共感した。確かにミック・ジャガーはローリング・ストーンズをベースにしつつ、ソ

ロ活動もやっていた。しかもソロの時は、ストーンズではできない刺激的な内容が多く、その体験を持ち帰ってストーンズでまた新しい音楽をやっていた。

つまり、銭屋は老舗ならではの素晴らしい「カタチ」があり、先進的な料理を銭屋では出すべきではないが、日本料理の可能性はまだまだ広いから新しい試みには挑戦し続けたい。だから世界で先進的な料理にチャレンジし、その経験を持ち帰って銭屋の料理に奥行きを生むという循環をつくるわけだ。現役のギタープレイヤーで音楽の造詣も深い高木さんらしい表現だったが、これは僕が考える、これからの副業、働き方の理想そのものだ。

自分自身の会社に当てはめてもそうだ。いわばPOOLというバンドをやりながら、**プレイヤーとしてバンドの目指す音楽を追求し、高い価値を生み出す。個人としては外の活動をソロでやって、そこでの出会いや取り組みでしかできないことをする**。そしてそれをPOOLに持ち帰って、また奥行きを増した仕事をするわけだ。

何のために外に出て、何を持ち帰るか？ それを決めることから好循環を生む働き方をスタートしよう。ただしバンドがなければソロはない。副業を考えている人はまずバンドでの追求を怠ってはならない。

「何のために」と「何を持ち帰るか」を決めれば、副業はもっと面白くなる。

台形に立つな、
三角形の上に立て

常識にも前例にも
囚われないために

師匠の小霜さんの話は何度もしてきたが、ここで僕が小霜さんから得た最も大切な仕事の心構えを記しておきたい。

それはAD50というソニーの50周年記念広告をつくっていた時のこと。あるテーマのコピーがなかなか通らずに困っていたことがあった。僕はクライアントの要望が理解できたし、それに沿って書いていたが、その時の小霜さんはなぜかピントがずれているようで的確なコピーを書けないようだった。その後、5度目のプレゼンに向けた打ち合わせをしていた時、ふと上司の安藤輝彦さんがやってきて「おう小霜、そろそろ書いてやれよ」と言う。すると小霜さんが「仕方ないなあ」と言ってサラサラと一行のコピーを書き上げた。それは僕が書いたものよりも遥かに素晴らしかったが、小霜さんは舌打ちして、「こんなつまらないコピーじゃ駄目なのに」とつぶやいた。

その光景を僕は鮮明に記憶している。小霜さんは書けなかったのではなく、書かなかったのだし、僕は書いたつもりでいて、書けていなかった。**ここで収めればいいとわかっていてもそれをしない。もっと高い位置へみんなを連れて行こうとする。その気概がないと駄目なんだと悟った。**

後日そのことを小霜さんに話すとこう言われた。「小西はね、すぐ

台形に立つんだよ。三角形があってもその上を切って台形にする。で
もな、三角形のほうが高いんだよ。グラグラするけどその上に立って
見ないと、いい景色は見れないよ」と。僕は台形から転げ落ちるほど
納得した。

以降、どうすれば三角形の上に立てるかをずっと仕事の中で考えて
きた。常識に囚われると台形になる。クライアントの言うことを聞き
すぎても台形になる。でも要望を聞かないとそもそも立つ機会がなく
なる。そうして自問自答しながら、三角形の上に立つことを長いあい
だ訓練してきた。

☞ 仕事で大切な４つの姿勢

ここで、僕なりに到達した「三角形の上に立つための４つの姿勢」
を紹介したい。

まず「恥を捨てる」。これは先にも触れたように、若い頃の恥ずか
しい失敗を経て得た僕の姿勢であり、仕事の転機になった精神。何度
もお世話になったデザイナーの仲條正義さんは「恥を忘れたら、開
眼」と言っていたが、まさに恥ずかしさを捨て、スッポンポンで人前
に出る気分で挑んでこそ、高みに登れると思う。

２つ目が「頭をカラにしろ」。常識に囚われないためには、前例や
成功例や常識といった言葉をすべて捨て去る勇気が大切。

アンラーンすれば子どものように真っ白になってモノ・コトがゼロから考えられる。

でもこれが難しい。すぐに「成功例」「人の目」がよぎる。だから
僕はそういうのを捨て去るためにサウナに入り、散歩して、水泳をし

て「**脳に余白をつくる**」。右脳の感覚に体を任せると、ぽかっと空間があいたようになり、するすると情報が入ってくるし、違うものを思いついたりする。

3つ目が「**汚しを入れろ**」。汚しとはデザイン用語で不可解なものを入れること。**完璧なもののバランスを崩す**ことでもある。完璧なほうが安心もするが、それは結局台形に立つのと同じ。今思う完璧はもはや前例に支配されている。だからこそ、「えっ、なぜこんなところに変な言葉があるの？」「どうしてこんな企画をするの？」といったような汚しがあると、高みに行ける確率が高まる。

最後は「**人に会え**」。正直、僕は人に会うのが得意ではないのだが、できるだけ人に会うようにしてきた。特に人が「素敵だよ」という人には無理にでも時間をつくって会ってきたし、「厄介だよ」という人にも頑張って会ってきた。そんな人に会うと頭がフル回転するし、新しいアイデアが閃きやすくなる。そうしているうちに、三角形よりもさらに高みに連れて行かれることが本当に多かった。

そんな4つの姿勢に導かれて、今僕は、三角形の上にグラグラと立っている。小霜さんもきっと喜んでくれているだろう（いや、まだ台形だと怒ってるかもしれないが）。

**恥を捨て、頭をカラにし、
汚しを入れ、人に会おう。
そうすれば今よりも高みに行ける。**

未来をつくり出す

IV

方程式

世界には
北極星が必要だ

未来を
幸せな驚きで満たせ!

僕が2006年に設立したクリエイティブカンパニーのPOOL inc. は、「VISION CREATIVE」という言葉を掲げてきた。先の見えない時代に必要なのは、ワクワクする未来の提示だ。だからこそ僕たちは、**どんな課題にも新鮮なビジョンを提案し、クリエイティブの力で軽やかに解決していく**という理念を大切にしてきた。一人で始めて仲間を集めていくのは楽ではなかったが、その冒険はすごく楽しかったし、これからもきっと楽しいと思っている。

そもそも僕が起業した理由は、**自分の着ていた代理店という服が、モビルスーツくらい大きく重く感じたから**だ。巨大ロボットは力が強くてデカいものも動かせる。それは魅力だが、当時の僕はそれに驕ってしまったのか、小さな声が聞こえなくなり、細やかなアイデアが紡げなくなっていた。そんな時、地方の企業の人と話していて「小西さんとやってみたいけど代理店なんですね。じゃあちょっと怖いな」という声を聞き、その瞬間にモビルスーツを脱ぐ決意をした。

今着ているPOOLという服は、アイデアを機敏に生み出せるサイズでありながら、世界の企業と渡り合うための人員が揃っているのでちょうどよいし、見た目も威圧感なくあらゆる企業や才能といっしょに仕事できるので気に入っている。

ちなみに、会社名をPOOLにしたのは、僕が子どもの頃から長い時間を過ごした大好きな場所がプールだからだ。気持ちよく人が集い、バシャバシャと自由に泳ぎ、それぞれに鍛錬する場——誰かの名のもとに集まる会社ではなく、気持ちのよい場のもとに集い新しい価値を生み出す仲間になろうというビジョンを込めた名前。自分の名前を冠した会社名にしなかったのは、そういう思いからだった。

　僕はどんな時代にもどんな会社にもどんなプロジェクトにも、必ずビジョン＝ワクワクする未来が必要だと思っている。かつて、ケネディがアポロ計画（人類初の月面着陸）プロジェクトを立ち上げた時、NASAで働いていた清掃員が「私は人類を月に運ぶ手伝いをしている」と言った話は有名だが、人を魅了するビジョンはまさに誇り高く仕事をする動機を生み出す。**ビジョンがあるからこそ、人はモチベーション高く、自分ごととして仕事に取り組めるようになる**。でも今の社会や企業にはビジョンが足りない。誰もがワクワクして目指せる北極星が見えない。それが世界の課題だし僕が起業した理由でもある。

「今、雲が空を覆い、あるはずの北極星が見えないなら、自らの手で北極星を掲げ、それに向けて船出しよう。それは困難な航海かもしれないが、きっとワクワクする世界が待つ希望の航海だ」

　これは僕がPOOLを立ち上げた当時に書いたメモだ。POOLはコンサルティングファームのように数字から未来を読み解くのでも、アドエージェンシーのようにメディアを駆使して成果を生み出すのでもない。世界でも数少ない「ビジョン・クリエイティブ・ファーム」として、**ワクワクする北極星を掲げ、企業に眠っているクルーの力を一**

つにまとめ、**世の中の風を掴むストーリーで企業をぐんぐんと前に進める存在でありたい**と願っている。そしてそのためには、クリエイティブの力を最大限にする努力を怠ってはならないと常に自分を戒めている。

☞「POOLの強みはなんですか?」

これは数々の有名レストランをプロデュースして食の世界に革命を起こしているeat creatorの創業者、永砂智史さんから問われた言葉だ。POOLはピボット的に仕事をすると述べたが、その領域は広がり続け、今や広告やブランディング、PRはもとより、事業開発から商品開発、さらに都市開発までも手掛けるようになった。でもそうするうちに何が強みなのかが曖昧になりかけていた。そのモヤモヤを永砂さんの問いが打ち消してくれた。

僕ははっきりと思う。POOLの強みは、**「言葉とデザインの力で企業や社会に眠る価値を可視化し、高く掲げること」**だ。それこそがPOOLのクリエイティブの源泉であり、世界をワクワクさせる力だと再認識した。今、それを気づかせてくれた永砂さんには感謝しかない。

スターバックスやMIXI、三菱鉛筆のようなブランドデザインから、GREEN SPRINGSのような新たな時代へ向けた体験のデザイン、そしてプレミアムフライデーのような世の中の仕組みのデザインまで──僕が常に意識しているのは、それが**「幸せな驚き」**かどうか。人も企業も世の中も、心を動かさなければ、何も始まらない。そのためには、誰もが驚き、幸せになるアイデアが必要だ。よくあることでは驚けない。良い違和感と奥行きをつくり、「え!?ホント?そうか!いいね!欲しい!やろう!」そんな心の「!」が生まれるくわだてをつ

くりたい。いや、もっと丁寧に、もっと質感にこだわる必要があるから「くわだてをこしらえる」という感覚を追い求めたい。

ただし、それはとても困難なことだ。だから一人ひとりがプロとして考え、未来を発明する意識を持たなければならない。僕は「打ち合わせを「発明を打って合わせる場所」と定義しているが、まさに毎日のすべての打ち合わせに「発明を持ってくる」気概がないとプロとしてはやっていけないと思う。世の中にたくさんある困難を人の笑顔に変換するにはそれぐらいの覚悟が必要だ。

POOLはもう20年近くそういう意識でやってきた。そしてこれからもその冒険は続く。冒険は移動距離ではなく、発見の量だともいうが、まさにこれからのPOOLは、心を動かす発見の量を果敢に増やしていく冒険がしたいと思っている。

「北極星を見つけ、船を出し、帆を張るように」
ワクワクするビジョンを掲げて
大海原を進んでいこう。

ビジネスの進化は、ビジョンの大きさに比例する

解決すべき課題が増えると、進化の量も増える

ビジョンの大切さはわかるが、実際、ビジョンはそんなに効果があるの？　と思っている人もいるだろう。だいたい、日々目の前の業務に翻弄されているのに、大きな社会課題や未来の姿を見据えようと言われても、「そんな青臭い話は、このお金の件が片付いてからにしてくれよ」と思うのも無理はない。

でも、ビジョンはただの理想ではなく、**経営判断から日々の業務上の判断まで、意思決定の明晰な基準となる**ものだ。社内で共有されているビジョンがあれば、会議での判断も楽になるし、上司を説得したり、チームの仲間たちと思いを一つにして動くことも簡単になる。特に最近は社会課題の解決（パーパス）を掲げることでハイレベルな人が集まりやすくなるからリクルーティングにも良い影響を与えるだろう。

とはいえ、「直近の数値目標を立てるほうが現場としては動きやすい」と感じる人たちもいる。例えば、脱炭素で地球を救う企業になる！　なんてビジョンよりも、来年までに売上を2倍に！　といった定量的な目標のほうが取り組みやすいというわけだ。

それはある意味正しく、ある意味正しくない。**数字目標は単なるノルマ。それは追い立てられるもので、追い求めるものではない**。大切

なのは、社員が自ら参加したくなり、誇りを持てるようなワクワクする未来の提示だ。ビジョンがあれば仕事が能動的に変わる。

　そして、定性的なビジョンを掲げるべきもう一つの意味は、

大きなビジョンになればなるほど解決すべき課題が増え、その課題を克服する過程でさまざまな発明や進化が生まれるからだ。

　例えば、自社の売上を2倍にするというゴールだと、2倍の売上を想定した自社内の課題、流通など外部の課題、商品開発やマーケティング、PRなどの課題が列挙され、それぞれ前に進めようとするだろう。だが、**「1クリックで世界の情報へアクセス可能にする」という Google のビジョンを達成するとなれば、一体どれだけの課題設定が必要になるだろう？**

　世界中のデータを知るためのアプローチ（マップ開発や検索精度向上など）だったり、それを1クリックで可能にする技術向上（AIからデータ処理まで）、さらに人的リソースの確保から莫大な投資をおこなうフィンテックまで無数に課題が存在する。結果、それらを克服するための技術的イノベーションや社内体制を整えていくことが必要となり、それがGoogleをオンリーワンの成功へと押し上げたわけだ。

☞ アップルの気宇壮大なビジョン

　また、アップルのスティーブ・ジョブズが掲げたビジョンも簡単なワードではあるが奥が深く、壮大だ。それは **「普通の人々にコンピュータを届ける」** という言葉。

　このビジョンのもとに生まれたとされるグラフィカルユーザーイン

ターフェイス（今のパソコンにつながるインターフェイスでマイクロソフトをつくったビル・ゲイツも影響を受けた）がなければ、未だに私たちは難しいコンピュータ言語を扱わないとコンピュータが動かせなかった可能性が高い。

　つまり今のように普通の人がコンピュータを扱えるようになったのはこのビジョンのおかげでもあるし、またそのビジョンを目指して多岐にわたる（本当に気が遠くなるほどの）課題を解決する行程で、iPadやApple Watchなどの新しいライフスタイルも生まれてきた。まさに**ビジョンは、その大きさによって課題が増え、それにより進化の量も飛躍的に増える**。ビジョンを小さくしない、目先の定量的なものにしないほうがいい理由はそこにもあるわけだ。

「素晴らしい仕事をする唯一の方法は、自分のやっていることを好きになることだ」とはスティーブ・ジョブズの言葉だが、これは人にも会社にも当てはまると思う。社会を変えるほどのワクワクするビジョンがあれば、働く人々にとって誇りになり、自分のやっていることが好きになる。そこから生まれた素晴らしい仕事こそが多くの課題を解決する力になる。

　こうして大きなビジョンを掲げた企業が起こすイノベーションは世界へと還元され、社会の進化をもまた生み出してきたのである。

一企業が掲げるビジョンでも、
その大きさに比例して世界を進化させ、
幸せを生むことができる。

流行るためには、
世界一を狙え

条件を限定してもいいから
世界一をつくろう

　あしかがフラワーパーク（栃木県）という施設をご存知だろうか？　樹齢150年を超える2本の大藤が2000平米にわたって花の房を垂らす日本一の藤棚が有名で、年間150万人を超える来園者数を誇る。米CNNで「世界の夢の旅行先10ヶ所」にも選ばれたことがある世界的なフラワーパークだ。また、はままつフラワーパーク（静岡県）という施設では、桜とチューリップが同時に満開をむかえる風景が世界中に広まり、今や年間50万人近くが訪れる日本有数のフラワーパークへと成長した。2013年以前には閉鎖が囁かれていたほどに閑散としていたにもかかわらず、である。

　実はこの2つのパークをゼロからここまで成長させた仕掛け人がいる。塚本こなみさん――70歳を超えるがいまだに現役バリバリでパーク経営に関わる辣腕だ。僕は最初この方を、Visionalの社長・南壮一郎さんとの会議で知った。「経営者としてすごいし、何よりそのテーマの設定がシンプルですごい」と。

　塚本さんははままつフラワーパークのテーマについて**「桜とチューリップの花が世界一綺麗に咲くフラワーガーデンはここしかない**、というものを目指した」と語るが、これこそが明確なビジョン設定であり、人が集まるブランドをつくる力のあるストーリー開発だ。

人は、体験したことがないものに出会うと驚き、人に話したくなる。そんなSNSの書き込みを見た人が自ら体験し、その感動をまた人にシェアする「購買のスパイラル」が発動し、ストーリーの拡散がハイレベルで起こっているというわけだ。

　人は心が動くものを体験したい生き物だ。そしてその**最高峰は、シンプルに「自分がいまだ体験したことがないもの」——なかでも「世界一」のものに出会うこと**だ。世界一のものは、それが見たくて、体験したくて、世界中から人が集まってくる。

　「そこに世界一のものをつくり、世界中の人が来たいと思う場所にしたい」。それは先ほどの南壮一郎さんとの会議での言葉。僕はワクワクしてその開発に参加することにした。また別の会議では「世界一の砂場をつくりたくないですか？」と、どろだんご先生に問われて、すぐに参加することにした。「世界一」は、たくさんの人を魅了するビジョンだが、まず最初に企画者をメロメロにする力があるわけだ。

　とはいえ、人を騙すような世界はいけないし、現代に世界一をつくり出すなんて非常にハードルが高いと思う人もいるだろう。でもそこは、塚本流の世界一のつくり方から学べばいい。すなわち、**世界一のチューリップ畑は無理でも、チューリップと桜が同時に見られるパークの世界一にはなれる**。

　条件を限定してもいいから、人を感動させる世界一を生み出す。それがこの時代を勝ち抜く世界一の創造術かもしれない。

**恐れずに世界一というビジョンを設定する。
どうすれば人が感動する世界一をつくれるか考える。**

"流行る" 呪文
「超デカい、めちゃくちゃ
多い、初体験」

クオリティの微差ではなく、
まるで違うものを生もう

以前、仕事でイグアスの滝を見に行ったことがある。同行者に感想を求められたが、あまりの衝撃で「うわあ」とか「すげー」としか言えず「それでコピーライターですか」と笑われたのを覚えている。現代アーティストのダミアン・ハーストがベネチアで開いた個展を見た時も、展示されていた巨大な像に度肝を抜かれ、「あ……」しか言えなかった。

　人はあまりに圧倒されると言葉を失う。想像をはるかに超えたり、概念が変わったりする体験には一瞬言葉をなくしたあと、**どうしても話したいという情熱が生まれ、それは最高のストーリーとなって世の中を駆け巡る**。先ほども触れたが、人が熱烈に体験したいと思っているすべてのモノ・コトは、なにがしかの「世界一の圧倒的な体験」を含んでいるものだ。

　イグアスの滝やダミアンのように、強い共感がありつつも驚きに満ちた**"違和感のバケモノ"**を生み出せば、ストーリーのクオリティも次元が違うものへ飛躍できる。コモディティ化の象徴のようなフラワーパークがやり方ひとつで劇的な変化を遂げたように、どんな領域でも世界一は必ずつくれる。そう信じることが流行の始まりなのだ。も

し世界一を具体的にイメージするのが難しければ、こう唱えよう。

「超デカい、めちゃくちゃ多い、初体験」

超デカいものが1つでもあれば話題になるし、なんでもいいから数がめちゃくちゃ多いと人は来る。他では得られない「初体験」は強い引きになる。アメリカ発の旅するレストラン「Outstanding in the Field」は超長いテーブルを使った野外ディナーが世界的な注目を集め、その唯一無二の食体験が参加したいという衝動を生んだ。猪子寿之さん率いる「チームラボ」の展示も、小さな光のアートを、超デカく、めちゃくちゃ多く仕掛けて圧倒的な空間体験へと昇華させたからこそ世界的に注目されたわけだし、「ダイアログ・イン・ザ・ダーク」は、まったくの暗闇の中で日常生活をすることで、視覚障害者の皆さんの感覚を初体験することができて衝撃だった。それらのような未知の体験をすれば、誰もがまわりの人に話さずにはいられないわけだ。

　企画やサービスに新鮮なインパクトをつくりたいなら、「超デカい、めちゃくちゃ多い、初体験」を唱えて、いずれかで一点突破ができないか探ってみよう。クオリティの微差ではなく、世界で唯一のものをつくろうという気構えで考えていくだけでも、新しいストーリーが生み出せるだろう。

**人に話さずにはいられない唯一無二の体験を
つくり出す呪文を唱えよう。**

クールジャパンから
ジャパンクールへ

日本独自のコンテンツで
世界で勝負する勇気を持て

グローバルで戦うために日本はどうしていけばいいのか、とある
コンベンションで質問された時、僕は「**クールジャパンを、ジ
ャパンクールにすべきだ**」という内容を答えた。「外国人がクールと
捉える日本の魅力」がクールジャパンの原義だが、むしろ「**日本人が
クールと捉える日本の魅力」こそ育てていくべき**だと思っている。

　まず、グローバルで戦うためには大きな選択が必要だ。それは「オ
リジナリティ戦略」か「アダプテーション（適応）戦略」か。過去を
振り返ると中国や韓国はある意味徹底的に真似る「アダプテーショ
ン」から始まり、成長してきたと思う。その頃の日本は「JAPAN as
No.1」という言葉のもと独自のコンテンツやビジネスアイデアを世
界へと発信する「オリジナル戦略」だったと思う。

　だが、日本はその成功体験がイノベーションを阻んだのか、今や
ITではアメリカの、サステナビリティでは欧州の、そしてエンタメ
コンテンツでは韓国の後塵を拝することになった。若者たちに聞いて
も「音楽でもドラマでも韓国に勝てると思えない」という言葉が普通
に返ってくる。いつの間にか日本がそういう「負け組」になってしま
ったのは残念で仕方ない。

　ではどうするか？　まず「オリジナルを生み出して勝負をする国に

なる」という覚悟を持ち、**何のオリジナルで勝つか？　というストーリーを明確にする**べきだ。そもそもマンガやアニメや食だけがクールなのか？　コンビニやファミレスだってクールじゃないか？　という根本議論から始めてもよいと思う。

☞ 深刻な人材流出

　もちろんクールジャパンでマンガや食のコンテンツが世界へと発信されること自体は有意義だが、世界が日本のコンテンツに熱狂すればするほど、人材流出が激しくなり国内の人材が不足するのも事実。先日、ある和食職人と話した時も「海外なら今の5倍は稼げるので移住しようと思う」と話していた。寿司スクールに通っただけでも、日本人ならアメリカで年収3000万円を超えるという。

クールジャパンを構成するすべてのコンテンツで、人材の海外流出の危機を迎えていることを直視すべきだと思う。

　国内に目を向ければ、寿司職人は例外としても、和食の職人を志望する人は激減しているし、工芸や民芸の職人も高齢化も相まって減っている。大人気のアニメーターにしても、日本が低賃金すぎるために中国に人材が流出している有り様だ。国の政策として、国内の才能にお金を使い、**中長期的に才能を育てるビジョン**が必要だ。

　その最初の一歩として、「クールジャパン」を海外発信するために使っている資金を「ジャパン is クール」の国内向け発信に使うのはどうだろう？　例えば和食の職人や工芸の職人がヒーローになるベストセラーコミックやアニメがあれば、職業への強い憧れも生まれる。

『SLAM DUNK』でバスケに憧れ、『よろしくメカドック』でクルマの整備に憧れる子どもたちがたくさん生まれたことを考えれば、**コンテンツが喚起する憧れのパワーのすごさは侮れない**。無論、簡単にヒットは生まれないが、ジャパンクールを司る若き才能の育成を主眼にチャレンジすることは有意義なことだと思う。

　ここでもう一つの提言。僕は今の日本に足りないのは**「シンデレラストーリー」**だと思っている。逆境から成功する物語は、ハリー・ポッターの「J・K・ローリング」からブリテンズ・ゴット・タレントの「ポール・ポッツ」まで世界中に無限にあるが、現在の日本人のエピソードにはそれが極端に少ない。今こそ、低迷から浮上する希望の物語を矢印クリエイティブ（X→Z）でつくり出すべきだと思う。

　扱うジャンルは食でも工芸の職人でもいいし地方の観光でもいい。できるだけジャパンクールな物語としての成功事例を集め、日本から世界に羽ばたいていった人物に光をあて、日本の若手クリエイターがコンテンツをつくる。そうすれば国内に夢が生まれ、世界へのブーストにも使えるし、次の才能がブレイクスルーする契機にもなるだろう。

　世界の人々はある意味、日本人以上に日本の素晴らしさを知っているから、日本のシンデレラストーリーと出会えれば共感し応援してくれる。日本は遅れているとか、勝てないというのは誰かが広めた嘘。負けているのもあるが、勝っているのも数多くある。ただ日本にはクールな才能を育てるシステムがないから、今こそそれを構築したい。**日本のクールを世界は待っている**のだ。

ジャパンクールで国内の人材を育てよう。
オリジナルを生み出して世界で勝負しよう。

アップデートより
イノベーション

ただの妄想か、イノベーションかは、
3つの"ない"でチェック！

品 質の向上はとても大切なことだと思う。ロングセラーとなって
いるヒット商品でも、不断の努力によって素材や技術面での改
良が重ねられ、揺るぎない地位を獲得しているものは多い。ただ、日
本人は地道に改善するのが大好きなのでこれを美談として語るが、**ア
ップデートが許されるのは、一度過去にイノベーションを興した後**だ
ということを忘れてはならない。

それまで世の中になかったイノベーションを興した商品だけが世の
中に広がり、生き残り、アップデートを必要とする。つまり**品質の向
上は革新の後に続くからこそ意味があるのであって、それだけでは価
値がない**と言えるかもしれない。iPhoneはイノベーションされたか
らこそ、その後はアップデートでもいいわけだ。

イノベーションはなにも最先端技術を駆使するばかりではない。
「今までになくていい方法だね！」と言われるものなら、なんでもい
い。例えば、会議の仕方を変えたらみんなが積極的にアイデアを出す
ようになったとか、開発の人数を抑えて少人数チームで話し合う機会
を増やした、なども立派なイノベーションと言えるわけだ。

ただ日常で「イノベーション」を興そうと言われても、戸惑うのも
頷ける。そこで取っ掛かりとなる糸口を、前述のビジネスデザイナー

濱口秀司さんの考え方をベースに示したい。イノベーションには共通する3つの"ない"がある。

①前例がない。

②無意味じゃない。

③不可能じゃない。

　クルマを例に解説しよう。①をクリアしようとすると、例えばタイヤが100本ついているムカデカーでもいいことになる。でもなぜタイヤが100本も？　に答えられず、②をクリアできないので却下。では、高速の渋滞をクリアするためにタイヤがニョキッと伸びて上を通れる（「機動警察パトレイバー」というアニメに出てくる）のはどうか？　エンジニアに聞けば「今は無理。未来ならできるかもね」という実現レベルなので③で却下される。

　このように、<mark>プロジェクトのアイデアを考えたり、何かを開発する時も、この「3つの"ない"」をクリアすれば、ただの妄想ではなく、本当にイノベーションに到達する可能性が高まる。</mark>

　ちなみに僕は、ビジネス上の妄想を、実現できないアイデアではなく、「今は現実的ではないが、実現する可能性がありかつワクワクするビジョンになるもの」と思っている。

「ロケットは飛行機のアップデートではなく、月に行こうという妄想から生まれた」という事実が示すのも、優れたビジョンはイノベーションを興すということ。もし今は妄想でもビジョンとなり、「3つの"ない"」がクリアできるならプロジェクトで動かす価値はあるだろう。

**「今までになくていい方法だね！」という
イノベーションを日々の仕事の中につくろう。**

企業経営に、
鬼退治ときび団子を

パーパスを設定し、
社会悪を退治しよう

近年、ビジネス用語の「パーパス」（purpose）という言葉が流行っている。本来「目的」とか「意義」と訳される言葉だが、企業の存在価値とかプロジェクトの存在意義を意味することが多い。

広まったきっかけは、SDGsやサステナブルが謳われる中で、サイモン・シネックの「WHYから始めよ！」が大流行したこと。これにより、パーパスも強く意識されるようになった。**企業が自社の利益追求に終わらず、社会や地球との関連からその存在価値を問われる時代となった今、パーパスは企業経営にとって重要なワード**である。

かねてより僕が「VISION CREATIVE」という考えを提唱しているのも、**現代のビジネスに必要なビジョンの中には必ずパーパスが溶けている**と思っているからだ。この時代に「世の中が悪くなってもうちの企業だけ儲かりゃいい！」なんて企業が生き残れるはずもなく、結果的に企業のビジョン（ワクワクする未来）には、社会的、地球的に貢献することを盛り込むべきだし、そこに共感が生まれればその企業で働きたい人々や共創したいパートナーが現れやすくなる。そうした観点からもパーパスの入ったビジョンはとても重要だ。

私見では、一般的にパーパスを説明する時に語られる「社会貢献」という言葉だけではパーパスを語る上で十分ではない。貢献には寄付

や社外活動も含まれるし、ビジネスの起点にならないからだ。それよりももっと具体的なイメージが湧く「社会課題の解決」、すなわち「社会悪の退治」をすることがパーパスの本質だと思ったほうがいい。

パーパスとは鬼退治である。

こう定義すると、ビジョン＝ワクワクする未来に対し、それを阻害する課題（悪）を解決するのがパーパスと設定できる。そう捉えれば、社会にある課題を解決することで利益を生むというビジネスの本質とパーパスが一致する。これはこれからのビジネスにおいて重要なポイントだと思う。

そんな僕の考えと共鳴するのが、はなまるうどんの時からお世話になっている吉野家CMO・田中安人さんの「桃太郎理論」だ。「実は、**現代の企業経営は桃太郎の鬼退治と同じで、社会課題という鬼の設定がすごく重要なんですよ**。お金より村人を救うというビジョンがパッションを生むんです」と田中さんは言う。

まさに起業家（社長）は桃太郎で、社員やパートナーが犬・猿・雉。ビジョンは「（村人を救い）村に平和な未来を取り戻すこと」であり、パーパスはその未来を潰す「鬼を退治すること」というわけだ。

☞ 現代の「きび団子」は株

このように、桃太郎の物語は次世代経営者のためのリーダー論と経営論を伝える寓話ではないかと思うほど示唆に富んでいるが、その中でも「きび団子」は現代における「株」ではないかと僕は見ている。スタートアップ企業では賛同者に株やストックオプションを渡すが、それは、**鬼を退治する戦いに参加する意思を確認する「契り」であり、**

またお宝がもらえるという「夢」をあらかじめ分け与えておく制度ではないだろうか。

　強大な社会課題（鬼）を退治するチームの一員として、人生をかけて戦い続けてもらうには、たとえそれが今は価値のない「きび団子」であったとしても、ビジョンを共有し未来を約束する「印」が必要というわけだ。まさに、企業経営として人を集め、推進するための普遍的な知恵が桃太郎の物語には秘められているのである。

　2016年のLinkedin調査では「社会に対してポジティブなパーパスを発信する企業で働くのであれば、年収が下がってもかまわない」と回答した人が全体の49％だった。おそらく今はもっと高い数値となるだろう。もはや働く人にとってそれぐらいパーパスは重要だし、社会課題の解決に参加したい人たちは増えているわけだ。

　もしこの文章を読んでいる経営者の中に、社員が増えないとか、プロジェクトの参加者のモチベーションが上がらないという悩みのある人がいたら、**まずは鬼退治ときび団子をつくり出すこと**。

　みんなで退治する鬼（社会課題）を明確化して、それを達成した未来の村の姿（ビジョン）をつくり、約束の証し（きび団子）を渡して強く自分ごと化させ、そのみんなと鬼退治の方法＝アイデアを生み出すことを始めれば、きっと活気のある人が集まり、未来が開けるだろう。

ビジネスにおけるパーパスの設定と
仲間の集め方は、桃太郎の鬼退治に学べ。

ビジョンは、
ゴールからアティチュードへ

80年の時を経ても心を打つ、
ソニー「設立趣意書」の言葉

パーパス経営という言葉の広がりと共に、地球や環境を謳うビジョンも増えた。ただ、原点に立ち返れば、ビジョンはワクワクする未来としての共感があり、目標になり、指針となればいい。その意味で、必ずしも地球規模のゴールを掲げなくてもいいし、**今の事業をどうするかという姿勢＝ATTITUDE（アティチュード）のようなビジョンでもよい**と思う。

　例えば、僕が2014年に開発に携わったサントリービール株式会社（現サントリー株式会社）のビジョンは「最高のうまさで、ワクワクさせたい。」だが、それはビールという飲み物に関わる社員やステークホルダーの人たちすべてにとって、ひたすら「最高のうまさ」とは何かを追い求めようという決意表明であり、そこには環境も地球も入っていない。このような**幸せを追求する姿勢も十分にパーパスであり、ビジョンとなりうる**のだ。

　アティチュードとしてのビジョンの好例として、ソニー創業者の井深大さんによって書かれた設立趣意書と呼ばれるものがある。正確には「東京通信工業株式会社設立趣意書」（1946）といい、「ビジョン」として書かれたものではないが、会社設立の目的や経営方針を見ると、まさにビジョンとして機能しつづけるすごい言葉が並んでいる。一節

を紹介しよう。

　まず会社創立の目的として、「**一、真面目なる技術者の技能を、最高度に発揮せしむべき自由闊達にして愉快なる理想工場の建設**」と書かれている。鳥肌が立った人もいるのではないだろうか？　「愉快なる理想工場の建設」とはなんと素晴らしい未来か。まさに今のエンジニア主導のスタートアップが目指すラボ的企業の姿がここにある。

　そして経営方針の一節はこうだ。「**一、不当なる儲け主義を廃し、あくまで内容の充実、実質的な活動に重点を置き、いたずらに規模の大を追わず**」。さらに、「**一、経営規模としては、むしろ小なるを望み、大経営企業の大経営なるがために進み得ざる分野に、技術の進路と経営活動を期する**」と、「Small is Big.」の精神が謳われている。スケールして儲けることばかりを目指す今の企業経営者にはぜひ目に留めてもらいたいし、できればこれからの指針としてこの経営方針を自社に採用してほしい。また、今ビジョンやパーパスを策定している人がいたら、この「趣意書」を目指すのもいいだろう。

　昨今は地球や社会に関連したWHYを無理に追う傾向があるが、上記のように「目指すべき姿勢」を描き出すだけでも十分に機能する。大切なのは、

企業に所属する人たちすべてが、自分たちらしいと思い、誇りを持って語れることができる姿勢だ。

　そのための問いかけとなるものが、現代的なビジョンの形の一つだと思う。それにしても80年の時を経ても、これだけ人をワクワクさせる文章を書いた井深さんという人の力には、本当に頭が下がる。

☞「日々の姿勢」を問うビジョン

2018年に「地球」というワードを全面的に打ち出しつつ、日々の姿勢を問いかける新しいビジョンが登場した。それがパタゴニアの理念である「私たちは、故郷である地球を救うためにビジネスを営む」だ。パタゴニアだからこそ言える言葉で、かつ、そうあるべきだとみんなが思うメッセージには強く共感できるし、何より地球とビジネスという、昔なら「真っ向から対立する」と思われていたワードを大胆に掲げ、「救うために」と責任まで謳っているのが面白い。

ここでのポイントは、以前の理念にあった「環境に与える不必要な悪影響を最小限に抑える」といったHOWがすべて抜かれたこと。おそらくそうすることで、関係者に、「どうすれば日々のビジネスで地球を守れるか？」という問いを突きつけ、**自分ごととしてアイデアを生めるように、理念をデザインした**からだと思う。まさに日々の姿勢を問いかけるビジョンの好例だ。

このような態度表明が増えれば増えるほど世界はよくなるだろう。そして僕は、ソニー設立趣意書の言葉に迫ることを目標に、現代におけるビジョンのあり方を日々探求し続けている。

優れたビジョンには、自分ごととしてどう働き、どうアイデアを生むかを考えさせる力がある。

「価値観」を共有する
仕組みをつくれば、生き残る

良いモノをいっぱい売って、
世界を良くしよう

近年のサステナブルブームは、これまでの消費社会を根底から変えようとしている。今の子どもたちは、生まれながらにサステナブルな思考を持ち、「捨てることを前提にして買う」なんてもってのほかと考える。僕は彼らを **サステナブル・ネイティブ** と呼んでいるが、彼らは買うことには躊躇し、持ち続けることを良しとする、これまでの世代とはまったく違う生き物だ。

彼らの存在は企業の未来、ひいては資本主義のあり方そのものを変えると理解して、早々に根本的な企業変革をするほうがいい……。そんな話をビジネスセミナーですると、「サーッ」という音がするぐらい参加者たちが冷めていくのがわかる。でも僕は一切悲観していない。なぜならクリエイティブの視点で見れば、この流れは企業にとっても大きなチャンスだからだ。

これまでも企業は、ライフスタイルの変化や省エネ、フェアトレードなど世の中のニーズに合わせて大きく変化してきたが、それと同じ。**過剰な消費を前提にせず、長く使えること、地球にいいことを前提にしたものづくりにシフトする**機会として利用すればいい。

ただし、早く変わらないと世界のトレンドから取り残されてしまうのも事実。なのに日本企業にはその焦りがない。なぜだろう？　と考

えていた時に、サーキュラー・エコノミストの斉藤麻子さんから聞いた、「**成長戦略としてのサステナブル**」というワードに心惹かれた。

日本の企業の多くは、サステナブルを「対応しなくてはいけないコスト」と見ているが、海外、特にヨーロッパでは逆に「投資」として見ている。

おそらくその違いこそが世界と日本の温度差の理由だ。しかしサステナブルは成長市場だし、リスク回避への投資だと考えれば、日本企業もより積極的になるほうがいいだろう。

☞ グリーンウォッシュではなく本気の取り組みを

実際サステナブルへの投資効果は高い。2020年のコロナ禍で英断したスターバックスの脱プラスチック施策（プラスチックストロー廃止）は、ユーザーの離脱も危惧された決断だったが、結果的に大きな注目を集めることになった。

さらに2022年には「リソースポジティブ」（地球から得る以上に還元量を増やす）という理念を掲げ、企業として本気でサステナブルなコーヒーづくりに取り組む姿勢を打ち出した。大切なのは、**企業の「価値観」を単に言葉で終わらせず、紙ストローや石油由来の使い捨てカトラリー削減など、ユーザーに見える具体的な行動で示した**こと。もちろん賛否両論を生んだが、結果的に社会から支持され成長することになった。素晴らしい提案と行動だ。

一方、すべての企業が正しいサステナブルを目指せるわけではない。環境負荷が高くとも大量生産・大量消費で売れるもののサイクルから

抜け出せず、グリーンウォッシュという選択をする企業も多い。グリーンウォッシュとは地球にやさしい風を装いつつ、実は何もしてないこと。数年前から、欧米では企業のグリーンウォッシュに対する非難が渦巻いているが、すぐに日本でもそうなるだろう。もはや**サステナブルは本腰を入れてやるしかないテーマであり、かつ、そうすることで未来を広げる戦略**なのだ。

　数年前「なんぼや」を運営する企業「Valuence」の企業ビジョンなどをお手伝いした時に嵜本晋輔社長が話していたのも、サステナブルへの本気の取り組みだった。彼らのドメインがリサイクル、リユースだからそういうスタンスなのだろうと見る人もいるが、嵜本社長は「Circular Design Company」を掲げ、本気で循環型社会をつくることを構想していた。いらない時にモノを手放し、必要な時に手に入れ、モノの価値が下がることなく誰かの人生に役立っていく――そんな環境が生まれることで人は誰かがつくった価値の鎖から抜けて、自由に選択して生きることが可能になる。その話を聞いて僕はとても感銘を受けたのを思い出す。

　サステナブルは決して後ろ向きなものではなく、これからの未来で「モノを売って、地球を幸せにする」ためのものだ。その大きな潮流の中でどういうアイデアを打ち出すか？　それはとても挑戦しがいのあるテーマだと思う。

サステナブルは単なるコストではない。
世界をよりよいモノで満たし、
価値観を受け渡す仕組みをつくった企業が勝つ。

門に人が来ると
"閃く"

消費から
「共感と参加」へ

消費のあり方は急速に変わっていく。昭和から平成の時代には、企業がどんどん大量に新発売して、それを「消すように費やして捨てる」というのが普通で、その高速循環が世の中を回していた。サステナブルな観念のない市場経済ではそうなるのも仕方なかったのだろうが、それにしても無茶な生活スタイルだったと思う。

しかし、今や地球や未来のためにどう行動するかは、善行ではなくあたりまえの行動となった。今後10年でサステナブル・ネイティブな子どもたちが経済の主導権を握れば、それはもっと加速するだろう。そんな潮流の中で、僕は「消費」という古い概念に変わって出てくるものがあると思う。それが **「共感と参加」** だ。

これからは、企業の行動や商品のあり方に「共感」されないと、購買すら行われなくなる。ゆえにパーパスによる企業活動がさらに重要となるわけだ。また今後は商品購入後から新商品を買うまでのスパンが長くなるため、その間にどうやって利益を生むかが企業の課題となる。もちろん**ロングテールでじっくりゆっくり利益を生む構造**へ改革する必要もあるのだが、企業の成長を前向きに考えれば、購買と購買の間で利益を生むことが必要になる。

そこで重要となるのが「参加」。例えば、「ファンコミュニティ」の

創造とそのビジネス化だ。アウトドアブランドmont・bellが運営する「モンベルクラブ」は今や100万人を超える会員を抱えるが、年会費は1500円だからその利益の大きさは想像に易い。このようなファンコミュニティビジネスはユーザーも大満足な上に企業も潤う。今後注目すべき一つのカタチだと言えるだろう。

さらにファンが企画者として商品開発に「参加」できたり、クリエイターとして広告に「参加」できるなど、積極的な参加も考えられる。**サステナブルな企業活動とは、ただエコな意味だけじゃなく、人と地球、人と人のつながりを再構築して企業活動を変革することに等しい。**その意味でも、企業や商品の活動に「共感できるストーリー」を生み出し、かつ、「参加できる余白とモチベーション」をつくる必要があるわけだ。もちろんその変革は困難だが、企業にとって新しいアイデアの閃きを生むチャンスでもある。

ちなみに「閃」という漢字は、「門」に「人」が来ると書く。これまでの人生を見返しても、「人」と出会うことで新たな領域が開けたし、「人」から聞いた言葉で開眼したことも多い。そう考えると、**「共感と参加」を目指す企業活動は、ファンというたくさんの「人」を迎え入れ、新しいアイデアを「閃く」ためのプロセス**とも考えられる。これからは、企業がもっとファンを愛し、ファンとともに商品を考えられるかが勝負になっていくだろう。

消費の時代から、
人々の「共感と参加」を目指す時代へ。

その仕事で、
明治神宮の森はつくれるか?

優れたビジョンは死なない。
100年のスケールで思考する

「ビジョンと時間軸」についての話をしたい。強いビジョンは、同時代を牽引するのみならず、未来に与える影響も大きい。

COVID-19が世の中に大きな変革を突きつけていた頃、僕はよく明治神宮をひとりで散歩していた。訪れた人ならご存知だろうが、明治神宮には静かな森があり、心を鎮めるためにはとてもいい場所だ。

驚くのが、この**明治神宮の森が、まだできて100年ほどしか経っていない人工的な森だという事実**。一歩足を踏み入れればすぐに「何かしら神聖なもの」を感じ、森羅万象を考えるきっかけになるような場所なのに、それが自然環境ではなく「人が意図的につくったもの」だと知り、僕は畏怖を感じると同時に嫉妬すら覚えてしまった。

この森を計画した中心人物は、本多静六、本郷高徳、そして後に造園界のパイオニアとなる上原敬二の3名で、日本中にある88の古社をめぐり実測値を作成し、この明治神宮の森のデザインに活かしたとされている。また仁徳天皇陵を観察し、「何百年のもの間、些かの人工も加えず、原生林のような森厳性を保っている」ことに驚き、理想のモデルにしたとも言われている。

徹底的な「観察と再発見」から生まれたこの森のビジョンは、**ゾワゾワするほどに本能的で、人のDNAを直接刺激してくる凄みがある。**

そもそも人工でつくるのに、人工を排除するとか、その期間が何百年という単位であることも驚きだ。その森の設計において、彼らは植生の未来の姿を描き、枯れ葉や昆虫や鳥類も含めた森の循環を永遠に維持するシステムをデザインした。もはや未来の人が過去に戻って描いたような未来図だ。

　先人たちの偉大な仕事は、短期のゴールに惑わされたり、短絡的にお金に目がくらんだり、スケールアップすることに翻弄されたりせず、

広々とした時間意識から自らの仕事の意味とビジョンを問え、と教えてくれる。

　そんな指針は広告コピーにもある。例えばナイキの「Just Do It.」や大成建設の「地図に残る仕事。」。僕は、「人の可能性を信じ、誇りを持って行動しよう」と掲げている言葉だけが時代を超えて息づくと思っている。人間の本質に触れた「姿勢のビジョン」だけが時を超えて意味を変え、生き続けられるのだ。

　僕はビジョンを考える時、そんな先人たちの姿勢にならって、**50年、100年の時間軸の中で価値を生み出し続けられるか？**　を思考の習慣にしている。仕事を始めてまだ30年ほどなので、どの仕事も50年にも至ってないけれど、いつかそういう仕事を生み出したいし、生み出せると思っている。

ビジョンを100年のスケールで捉え直すと、未来に残せる仕事のあり方が見えてくる。

未来が過去をつくる

**時間は不可逆ではない。
さあ、過去を変えよう。**

ビジネスにおいて、「あの発言はミスったな」「あの時こう判断しておけば」……と悩む人は多い。僕も後悔の念が人一倍強く、長年「ああしておけばよかった」という感情に悩まされてきた。

だが、宇宙物理学者の佐治晴夫先生に出会って、大きな衝撃とともに人生観が一変した。小さかった頃にアインシュタインに頭を撫でられたことがあるよ、とニコッと話される実にチャーミングな先生だが、人生で失敗することの意味を尋ねたら、こう答えてくれた。

「たくさん失敗するといいですよ。最後に成功すれば、失敗じゃなくなるから」

「それはどういうことですか？」

「量子力学的に言えば、未来が過去をつくるというのも正しい。つまり、未来が良くなれば過去が良くなるんです」

私たちがなぜ「失敗を悔やむ」かと言えば、「過去は変えることができず、過去の行動が未来に影響を及ぼす」と考えているからだ。物理学ではそれを「順行性」と呼ぶが、私たちは誰しも「時間が巻き戻らないのは当然だ」と受け入れている。しかし佐治先生によると、**最**

先端科学では未来の行動が過去の結果に影響を与える「逆行性」が成立する可能性があるという。僕は「時間は不可逆じゃないのか！」と心底驚き、先生の言葉を熟考することになった。

☞ 未来を素晴らしく変えれば過去は変わる

確かによく考えてみると、私たちはこの「時間の逆行性」を身近なところで何度も体験している。例えば、思春期にヤンキーで地元に迷惑をかけていた若者が後に大スターになって街の誇りになったなんて話は、明らかに未来が過去の結果を変えているし、寝過ごして予定の列車に乗り遅れたことをこっぴどく怒られた直後に、その列車がトラブルで立ち往生し、自分だけ運良く別ルートを使って取引先に駆けつけ、褒められた、なんて話も逆行性が成立している。

つまり私たちは**人生のストーリーとして逆行性を体感的に知っている。それを「努力したから」とか「運が良かった」などの言葉で表現することで、「過去の結果を変える」術を知っている**わけだ。しかもその可能性は最新物理学でも裏打ちされている。

これはもう、ビジネスに応用するしかない。

過去にどうあろうと未来を素晴らしく変えれば過去は変わるのなら、常に未来を提案すればいい。

これが「未来が過去をつくる」という僕の仕事の哲学を生んだきっかけであり、常に後ろ向きで過去に囚われていたスタイルを180度変え、どんどん失敗していいと再確認した体験だった。

さて、ビジネスにおいて「未来の提案による過去の書き換え」とい

う思考ツールを使うには3つの大事なポイントがある。

1つ目は、**「その企業らしい未来」の提示が必要**であること。どんなに素晴らしいビジョンの提示でも、それが企業のDNAと分断された"らしくない"未来では受け入れられない。

2つ目は、**「確かにこれまではそうだった」が大切**なこと。**現状の定義に納得と共感がないと未来も嘘くさくなってしまう**。ゆえにビジョン策定の際、単なる現状確認をするのではなく、過去から今までを振り返って「確かにそうだね」と共感を得られる現状定義をする必要がある。

最後3つ目が、**「これから何をすればいいか」を提示する**こと。それはビジョンという「行き先」に対して、誰もが行動しやすい「行き方」を示すこと。それが明確だと未来への行動指針が生まれて未来を自分ごととして動き出せる。

実は、この3つのポイントをベースにした思考ツールが前に触れた「X→Z」であり「課題→未来→実現案」。すべては「未来が過去をつくる」という思いから生まれたものだ。

「未来が過去をつくる」と考えると、仕事も人生も前向きになれる。もちろんたまにはくよくよしたり、ネガティブになる時もあるだろう。人間だからそれは仕方ない。でも、あなたの未来はきっと苦しい過去を変えてくれる。そのビジョンはきっと大きな救いとなる。

「時間は巻き戻らない」「過去は変えられない」というのは過去の教え。未来の行動で過去の結果は変えられる。

SMALL&SLOW で
ローカリティが光る時代に

日本には、小さな宝が、
あちらにもこちらにも眠っている

「日本というブランドビジネス」を考える上で、どんなグランド
デザインを描けるだろうか？

そもそも日本は「規模」で世界と勝負しても勝ち目がない。なのに
昭和から平成は欧米的なスタイルでの効率性とスケールを追求し、そ
こにリソースを集中してきた。その結果が今の日本である。でも悲観
はしなくていい。日本の持つ豊かな風土や文化に目を向けると、**小さ
くとも切れ味のいいアイデアや、世界中から愛されるコンテンツが有
り余るほど存在する**ことに気づけるからだ。

例えば、石川県で開発され、その後も県の一部でしか栽培されてい
ない「ルビーロマン」という品種のぶどう。とても高額な取引をされ
ているが、栽培が難しくて希少なので世界中から引く手あまただし、
このぶどうを求めて世界各地から人がやってきている。ただこれを栽
培している人たちは生産を拡大しようとは思っておらず、あくまで美
味しさを追求し、石川県のその土地だけでつくることを考えていると
いう。

ひと昔前ならブランドにして種を売るとか、世界各地でビジネスを
展開するような「スケール」を考えただろうが、むしろ**「少なさ」
「狭さ」「希少性」を追求することで、世界が求める超優良ブランドと**

なって、ロングテールビジネスを成立させるわけだ。これは日本が目指すべきグランドデザインの一つだと思う。

　特に日本の地方には、このように世界が羨むような資産が多く眠っているし、そこにその地方の「歴史」や「伝統」、さらに「神話」や「祭り」を紐づけたストーリーを生み出せば、世界の人が求めるブランドになりえる。ルイ・ヴィトンをはじめとする世界中のメゾンブランドが日本の地方企業や技術とコラボを模索しているのもその証拠だ。

　でも私たちにはいつからか、欧米に対して劣っていると心のどこかで思ってしまう「卑下するクセ」が染みついていて、日本にある本質的な価値を見逃していたと思う。それはきっと、これまでの日本が目指してきた「BIG & FAST」な効率論がベースになっているからだろう。でも時代は変わった。今こそ日本らしく「SMALL & SLOW」な視点ですべてを見直したほうがいいと僕は思っている。

☞ 方言はここにしかない「宝」だ

　ローカリティの持つ底力に光を当てるという点で、星野リゾートの星野佳路代表が話していたことが面白かった。ある青森の宿の再建に向けて従業員の皆さんにアンケートをとった時のこと。集まったのは「素晴らしい山海の珍味を出せる」「海が美しい」「丁寧なサービス」といった、どの宿とも差がつかない意見ばかりだった。そこで「逆に何がダメか」を聞くと、「接客で方言が出てしまうから恥ずかしい。申し訳ない」という声が上がる。そこで星野さんは言った。**まさにその方言こそがここにしかない「宝」だ**と。そこから星野リゾート青森屋が生まれ、今ではその方言を学び、「あおもリンガル」になることを目指す人が数多く訪れる名宿になったわけだ。

　若い世代や世界の人々から見れば、**「方言はダサい」どころかその**

土地の文化を味わえる「宝」だ。そ
れを見つけ出し「売り物」に変えた
手腕を聞いて、さすが星野さんだと
僕は膝を打った。まさに、「BIG &
FAST」な思想が生んだ「地方より
都会が勝っている」という偏見を覆

し、「SMALL & SLOW」の観点で日本の価値を再発見した最高のケ
ースだと思う。

　スターバックスの「47 JIMOTO フラペチーノ®」も「SMALL &
SLOW」な発想から生まれたものだ。47都道府県それぞれの味を一
つひとつつくることが、どれだけ非効率なことか。それは一度でもチ
ェーンビジネスをやったことがある人なら痛いほどわかる。でも彼ら
はやってのけた。それは JIMOTO の魅力を JIMOTO で楽しむという
ローカルの価値を本気で信じていたからに他ならない。
「大衆から小集へ」と先にも記したが、まさに日本の「小集」である
地方の力は素晴らしく、しかもそれをあわせれば世界を動かす大きな
力になる。それはただ規模の拡大を求めたスケールではなく、スモー
ルな力を信じて束ねることで得られる力だ。
　ここからも、日本の価値を再認識できるブランディングが見えてく
るのではないだろうか。

「SMALL&SLOW」のブランディングで 日本の価値を再発見しよう。

「名付け」で
地域を"価値化"する

エリアの特性や共通体験に
着目せよ！

先日アメリカに行った時、ニューヨーカーは名前をつけるのが本当にうまいと実感した。例えば、マンハッタンの有名な地区である Tribeca（トライベッカ）は Triangle Below Canal（キャナル・ストリートの南側の三角地帯）からつけられた名前で、もともと倉庫街だったが、NYのアートの中心地となり、その後高級住宅地となっている。Meatpacking（ミートパッキング）は食肉処理場や工業地域をおしゃれエリアに格上げした名前だし、SOHO（ソーホー）は South of Houston Street の略で音楽とか美術の中心地となったエリア名だ。

　実は、ニューヨークでは本当の住所名ではあまりコミュニケーションされず、**ある特徴を持った地区が「ひとかたまりの名前」で定義されることで、エリアごと活況を呈した**街だと言われる。まさに名前の力を使って地域活性化に成功してきたわけだ。最新のエリアとして話題の NoMad（ノマド）は North of Madison Square Park の略で、ノマド（遊牧民）ワーカーという今っぽい働き方のイメージと合わせて名称化されたらしいが、この名前によりミッドタウンとダウンタウンに挟まれて無視されてきた地区がいきなり注目を浴びた。今や有名ホテルやレストランがこぞって「NoMad」を打ち出し、地区全体の価値がどんどん上昇し、出店が相次ぐという上昇スパイラルが生まれてい

る。ニューヨーカーはやはり名前の効果を熟知しているし、名づけで価値を高めるプロでもあるわけだ。

☞ 地域の特性や共通の体験に着目する

それに対して、日本はまだ名前の強さを使い切れていない。京都や金沢、今では山口や盛岡が（ニューヨーク・タイムズのおかげで）世界的に注目されているが、それらは住所名を前提にしたコミュニケーションにとどまっている。東京の「**谷根千（谷中・根津・千駄木)**」はエリアを名称化していて、昔の日本的な町並みや食への期待値を上げるのに貢献しているが、こうした試みがもっと増えると地域の価値はもっと高くなるだろう。その意味でも、**地域の特性や共通の体験という視点で「新たに価値化する名付け」は、日本の地域の価値を上げる上で多いに開拓の余地がある**と思う。

例えば、日本には富士山が見える丘がたくさんあり、その地区名に「**富士見**」という言葉がついているのだから、いっそそれらの地域をまとめて、「FUJIMI」という地域名で世界に打ち出せば、新しい観光資源になるかもしれない。「THE ○○ HOTEL TOKYO FUJIMI」なんて、世界中から「行きたい！」が生まれそうだ。同じように「桜」や「水」や「野鳥」や「食」など何のテーマでもエリアの名づけは可能だし、ぶっちゃけタダなのでぜひ観光のために名前化するアイデアを実現してほしいと思う。

これまでも、「うどん県」「餃子の街」「鋳物の街」といった「スローガン」で観光活性化が図られてきた例はあるが、上記のようにいっそ地区名にしてホテルや飲食店や商業施設でも使えばもっと価値化できるかもしれない。

ちなみに名付けはビジネス上のマイナスイメージを払拭すること

も使える。例えば「雑居」を「シェアオフィス」にすればおしゃれだし、「ひとりで寂しい食事」も「おひとりさま」と呼べば誇りが持てる。地方で、賑わいがなくて閑散としている街も、「世界一静かな街」とすれば観光資源になるし、「いちごパフェ」も「いちごすぎるパフェ」と言えば俄然食べたくなる。**名付けはマイナスをプラスにもできるし、プラスをさらにプラスにすることもできる強力な思考ツール**だ。

　余談だが、名付けの「マイナスをプラスにする」力を間違えて使うと悪い影響も加速してしまうので要注意。例えば「覚醒剤」という名前には「覚醒」という、本来目が冴えるとか元気になるという意味の単語が入っているのでそもそも違法薬物に使われるべきではないだろう。アートディレクターの秋山具義さんは、いっそ「人生台無し剤」とか「うんこお漏らし剤」に変えたほうがいいと話されていたことがあるが、確かに抑制効果としてそのほうが適切だ。

「暴走族」という名前もいけない。暴走はしばしば映画のタイトルにも使われる青春の象徴だから、前向きな感じに捉える人もいるからだ。みうらじゅんさんが、暴走族は「おならプープー族」とかにすればいいと提言されていて素晴らしいと思った。それならたとえ暴走したい人がいても恥ずかしくて入れないだろう。

　名前の持つ力を使えば、日本をもっと魅力的にしたり、良くないことを抑制することもできる。しかも**名前をつけるのはタダ**。この最高の武器を積極的に使って、仕事から地域の可能性まで大いに活性化してほしいと思う。

名前による価値化には、
地域を活性化する大きな可能性がある。

「ない」もので
差別化してみる

「ある」よりも、「ない」からこそ
得られる体験に価値がある

僕は、地方都市での仕事にも数多く携わってきたが、その都度、街開発の方向性をどうするか、どうやって地元の人にやる気になってもらえるかを悩み抜いてきた。そんな時、大きなヒントとなったのが街づくりのプロ、北山孝雄さんの言葉である。

日本の都市開発の草分けである北山創造研究所を率いる北山さんは、双子の兄である建築家・安藤忠雄さんと協業をしながら、表参道を今のようなファッションの街に導いた「FROM-1stビル」や、新しい商業の形を生み出した「東急ハンズ」、さらには草津温泉の復活につながった湯畑周りの街デザインなど、洗練された見事な街開発をいくつも手掛けてこられた。

北山さんの話には、一を話して十を知らしむる鋭利さがある。僕がある案件で地域の人をどう巻き込むか悩んでいた時には、ただ一言、「本を書けよ」と言われた。僕の考えをすべて込めた本をみんなに見せて「面白い」といった人を仲間にしろということだ。また、街開発のコンセプトに悩んでいた時は「その街に肩書をつけろ」と言われた。餃子の街「宇都宮」とか美食の街「サンセバスチャン」のように、ドメインを書いて共感されたらそれが街づくりの方向だというわけだ。

そんな名言の中でも、僕がひときわ驚いたのは「あるものじゃなく、

ないもので差別化しろ」という言葉だった。「みんな素敵な図書館が
あるとか、自慢のホテルがあるとか言うけど、そんなのどこにでもあ
るやろ。大切なのは"ないもん"や。例えばパチンコ屋がないとか風
俗店がないとか、高速道路がないとかスーパーがないとか、そういう
のがブランドになる時代やろ」。

そう言われて目からウロコが落ちた。確かに、地方の人は「都会に
あるものがない」ことを恥ずかしがるが、「SMALL & SLOW」の時
代には明らかに逆だ。あたりまえにあるものが「ない」からこそ、そ
こで得られる体験に価値がある。高速道路がない、コンビニがない、
人混みがない……これらはすべて「最高の景色が独り占めできるこ
と」につながる。**場の価値は「ある」から「ない」へ移行する**。北山
さんの言葉からそんな本質的な転換を知った。

また、**「ない」という価値は、モノやコトにも当てはまる**。便利な
機能がないレコードが流行り、YouTube 配信がないイベントが人気
になり、なんのマニュアルもない学校に子どもたちが集まる。効率的
にタイパ（タイムパフォーマンス）を上げるために生まれた便利さは、
"ライパ"（筆者がつくったライフパフォーマンスの短縮語）を上げない。
**これからはライパを上げるために、あえて不便を楽しんだり、難儀な
儀式を楽しんだりする時代が来る**だろう。とはいえ、僕は便利も好き
なので、「ない」のもほどほどにと思っている。便利さの良い部分を
活かしつつ、「ない」ことを楽しみたい。

「ない」ことの価値に目を向けよう。
そして、タイパより「ライパ」を上げよう。

関係人口の前に
関心人口を

「ない」からつくるのをやめ、
「ない」のを活かすへ

ニューヨークのハイライン（The High Line）をご存知だろうか？　廃線となった鉄道の高架を公園にしたことで、ビルの間を走る空中の緑道で人々が楽しむという新しくも幸せな景色を生み出した場所だ。ここは「壊して建てる」という旧来のスタイルから、「残して変える」という新しい街のデザインに変化した象徴であり、また街の住人であった若者2名が「ビジョン」を提示することで開発を主導した「ビジョンドリブン」の成功例としても、世界で数多く取り上げられてきた。

　が、最近NYを訪れると、その評価が一変していた。COVID-19後のNYで聞いたのは、ハイラインの開発は結果的に失敗だったという話だった。噂によると、COVID-19の間に土地ブローカーが周りのビルや土地を買い漁り、超高値で売り払ったことでジェントリフィケーション（都市の高級化）が起こり、結果的に元の住民が住めなくなり出ていかざるを得なくなった——土地の売買を規制する仕組みをデザインしておかなかったことで地域住人の不幸を生み出した責任は重い、というバッシングが起こっているわけだ。

　さすがに人の「強欲」を読み切って未来をデザインするのは難しいから、ハイラインへの今の評価は厳しすぎると思うが、その一方、

SNSの時代には人の幸せが壊れたイメージは情報としてつきまとうので、今後のハイラインの繁栄には影を落とすだろうとも思った。

この話から僕が得た教訓がある。それは結局、**「人が幸せじゃなければ、街の賑わいは生まれない」**というシンプルな原理だ。他の街を見ても、たとえ大規模なショッピングモールが誕生しようが、大企業を誘致してビジネス的に成功しようが、その地域に息づく歴史や人の幸せへのリスペクトなくして永続的な街づくりは成り立たない。人の幸せがイメージされない場に、人は集まらないのだ。

実は、幸せのイメージという文脈でも、先ほどの「ある」「ない」がテーマになる。北山孝雄さんが、那須塩原駅の再開発の依頼に対し、すでに「ある」駅前の自動車道路をなくし、すべてを芝生にすることで、何も「ない」ことを前向きな観光資源に変える提案をされたと聞いたが、それはまさに余計なものが「ない」ことを選択し、幸せなイメージの観光資源が「ある」街に変えようと試みる秀逸なアイデアだと思う。

都会や他の街にあるものが「ある」だけでは、その地域らしい幸せのイメージは生まれない。これからは**「ない」からつくろうというのではなく、「ない」のを活かそうという考えにシフトするほうが地域の幸せを生み出すだろう。**でも人や企業は前例や経済効率からすぐに「ある」ことを選択してしまう。ではどうすればそれを回避できるか？それは、「今」を起点に考えるのではなく、未来から見て「ない」ほうがいいものと、「ある」ほうがいいものを見極めることだ。

☞ 関係人口の前に関心人口を増やそう

川の中でパソコンをしている写真が一躍ブームとなり、移住者の増加に拍車がかかった徳島県神山町では、豊かな自然以外余計なものが

「ない」のを活かしつつ、Wi-Fiだけは「ある」と告げることで注目が集まった。もし神山町が他の街に倣って、都会に普通に「ある」ものをどんどんつくりアピールしていたらどうだっただろうか？　きっと地元を愛する地域住民の不満が募るだけでなく、移住者も減るだろう。「ない」ことを「ある」にしすぎると不幸を呼ぶわけだ。

　では未来から見て「ある」ほうがいいものとは何か？　僕の答えは、**「移・食・住」を豊かにするもの**。「衣」ではなく「移」なのは、これからさらにノマドワーカーが増え続けることを踏まえて「モバイル環境」を整えることが何よりも重要だという意味だ。その上でその地方ならではの豊かな「食・住」が「ある」と、都会の人たちの関心は一気に高まり、多くのアクセスを生むだろう。

　最近街づくりの文脈でよく「関係人口」や「関わりしろ」という言葉が使われるが、僕は常々、**「関係人口」の前に「関心人口」を増やすことのほうが大切**だと思っている。「面白い街だ」「いいなあの暮らし」という願望のうねりは、強い波及効果を持って日本、世界へ広まり、いつしか大きな価値をその街にもたらすからだ。その関心を生むためにも日本の地方はもっと「ない」を活かすべきだろう。

　高級な生活が「ある」ことを訴えるしかなくなったハイラインは、これから他の高級な地域と戦うことになるし、オリジナリティは薄れていく。それに対して「ない」を訴えられる地域は強い。その場所ならではの豊かさを謳えるし、何より「ある」に疲弊している都会の人に、「ない」ことの幸せを提案できるからだ。

目先のメリットではなく、未来から見た視点を。
「移・食・住」であったほうがいいものを見極めよう。

儲からないと、
未来はない

良いものが売れること＝地球を良くすること。
未来をつくるために稼ごう

仕事において、僕がこの数年で決めた2つのルールがある。

1つ目が仕事を受ける基準で、**5年後に自分が死ぬとしてもその仕事を受けたいと思うか**、だ。僕はもう55歳を過ぎた。バリバリ働こうとは思っているが一生でできる仕事量は限られている。これまで僕は仕事の選り好みはせずなんでも受けてきたが、これからは仕事の大小やクライアントの規模感に関係なく、残りの人生をかけてもいいと思える人と仕事がしたいと願っている。

もう一つは、仕事の相談があった時の姿勢で、**最初に「あ、面白いですね」と安易に言わないこと**。人当たりのいい僕は常に、その仕事の良いところを見つけて「いいですね」「面白い！」と言いがちだが、それをやめる決意をした。なぜなら「仕事を受けない可能性を持っておきたい」からだ。これまで、最初に「面白い」と思ってうまくいかなかったこともあるし、最初「この人とはやりたくない」と思ったけれど結果的にすごく面白くなった仕事もある。だからこそ最初から「面白い！」と言って引き受けず、じっくり話をしてから決めるようにしたわけだ。

先日も、最初は「合わないな」と思っていた経営者が、5度目の雑談で、その会社の社員の成長を泣きながら語ってくれたのを見て、こ

の人の仕事なら引き受けようと決めた。出会ってすぐに契約していたらこういう思いには至れなかっただろうと思うと、時間はかかるけれど、思いでつながろうとする姿勢は大切にしたい。

では、どういう仕事が僕にとって「面白い」のか？　次の3つを基準にしているので、皆さんの参考にしてほしい。

・その仕事には、深く信頼できる人がいるか？
・その仕事には、社会を変えそうな技術やサービスがあるか？
・その仕事には、クライアントが儲かる仕組みがあるか？

先の2つは文字通りだし、よく言われることだから解説は省略しよう。大切なのは3つ目の「儲かるか」だ。この話をすると「結局お金ですか？」と聞かれるのだが、そうではない。**どんな仕事でも「儲からないと未来はない」**からだ。でもここで僕の言う「儲かる」は、単なる金儲けではなく、幸せである対価として儲けを捉えている。つまり、**その仕事は、人が幸せになるために喜んでお金を払うようなシステムになっているか？**　という基準だ。

僕と共にドバイ国際博覧会のクリエイティブ・アドバイザーを務めた、パノラマティクス代表の齋藤精一さんが「サグラダ・ファミリアは世界で一番儲かる工事現場だ」と話していたが、確かにあれは、**多くの人を幸せにしながら観光と建築で儲け続ける最高の仕組み**だと思う。アントニ・ガウディは「完成したら公の教会となり儲けられなくなるから、できるだけ工事を長続きさせようとした」可能性があると言われているが、「未完」をデザインするなんて、実に天才

的な儲け方だと思う。

☞「シゼンに心地いい、ワタシに心地いい」

　15年以上前にイオンレイクタウンで発表したコピーが予見したかのように、今「地球を良くして、自分も豊かにする」モノやコトが売れる傾向が強まっている。ただその裏で、企業内では、サステナブルやコンプライアンスの遵守を強く求められるようになり、日々の仕事にさらなる負担を生んでいるし、昔のほうが良かったなんて声が漏れ聞こえることもある。ただ、こう考えるとどうだろう？

僕らが生み出したすべての仕事は、いつか自分たちの子どものもとへ返ってくる。

　地球を汚す商品も、粗悪なコンテンツも、当然それに囲まれて育つ子どもたちは知らず知らずのうちに悪影響を受ける。ただ儲かるからという理由で生まれる有害なサービスも結局はめぐりめぐって次の世代の心身と環境を壊すこととなる。それは子どもたちが飲む水道を汚染しているのに等しい行為だと自覚しよう。

　子どもたちの未来や社会の未来のためには、負担が増えたとしても、良いものを売って儲けなければいけない。でもそうすることで人々は幸せを感じ、喜んでお金を払ってくれるようになると思う。

これからの仕事の合言葉は、
「未来をつくるために稼ごう」。

混ざらなくてもいい、
パッチワークで

「分かり合えない」から
始める多様性の形

あるロケで信州の村に伺った時のこと。僕を含めてスタッフたちは昼ご飯に美味しい蕎麦を食べるのをすごく楽しみにしていたが、プロデューサーが一人困った顔をしていた。彼いわく「皆さんには蕎麦の村なんだけど、私には毒の村なんですよね」。重度の「蕎麦アレルギー」だから食べると死ぬ可能性もあるという。

　ハッとさせられた。僕がどれだけ「蕎麦の美味しさ」を伝えても、彼のような人にとっては迷惑でしかないわけだ。**自分がこよなく愛するものが相手も同じだと思ってしまうのは錯覚**だ。人と人とは、分かり合えないことがたくさんある。たとえ友人や家族でも、ある程度は理解できるけれど、他者には絶対に立ち入れない心の場所がある。企業と企業、国と国ならなおさらだ。

　だからこそ、分かり合えないことから始めるのが、本質的なコミュニケーションのあり方だと思う。その前提を踏まえた上で、僕は**「分かり合えないなら、分かち合えばいい」**と思っている。互いにまったく相容れないタイプや考えの持ち主だとしても、同じビジョンを共有し、ともに北極星へ向けて旅をする。同じものを見ているだけで、人は隣の人に親近感を抱く。仕事はそういう意味で、あらゆる「分かり合えない」隣人とも仲良くなれる仕組みなのかもしれない。

ある日のこと、POOLの高橋慶さんが、多様性の理想を表すために「パッチワーク」という言葉を提案してくれた。僕は心から感動した。日本では多様性というとすぐに「混ざり合う」感覚で語られるが、人は簡単には分かり合えないし、ましてや混ざり合えない。多様性を互いに認め、混ざりあって共存しようなんて理想は嘘だ。

　色を何色も混ぜていくと黒くなるように、人を無理やり混ぜると気持ちも関係性もきっと真っ黒になる。それがいろんな組織や現代社会の中で生まれている問題の根源だと僕は思っている。だからこそ、

人と人は混ざり合わなくていい。パッチワークのように自分の色のままで、違う色の人と隣り合って、全体で美しくあればいい——

　という発見は貴重だ。ダイバーシティで大切なのはそれぞれが自分の色で輝きつつ、お隣りを侵食しないこと。すると、離れてみればまるでパッチワークの作品のように美しい絵ができるのではないだろうか。**同じチーム、同じプロジェクトで隣り合わせた多くの人と共にビジョンを分かち合い、ワクワクする未来という美しい絵を描けたら最高だ。**

　何を甘いことを、と言われるかもしれないが、僕は本気でそんな世界をビジョンとして思い描いている。

ともにビジョンを分かち合おう。
パッチワークのような多様性を！

そのアイデアは、
ちゃんと、幸せなのか？

大きな目線で地球を思い、
長い目線で家族を思う

「それで娘は幸せになれるかい？」

これはもう30年も前、「話そう。」というトヨタのテレビCMに出てきたセリフだ。新しいカローラのアピールをしている販売員に対して、父親が言った一言。このCMを見た時、まさに声を上げた。「すべての仕事が目指すのは、やっぱり幸せであるべきだ」と。それ以後、**僕は常に「そのアイデアはちゃんと幸せか？」という問いをベースに考え抜くことにしている**。

セレナの「モノより思い出。」の時も、このクルマがあることで何が幸せになるのかを考えたし、プレイステーション4の広告でも、ゲームの本質的な幸せは何かを問い続けて、「できないことが、できるって、最高だ。」というコピーに行き着いた。いずれも競合との小さな差別化ではなく、幸せを生み出す存在として見直した結果だ。

競争をベースにした資本主義社会では、あの商品より、あの人より、少しでもいいものを、という比較で溢れかえっている。でもこれからの時代は、それでは不幸だ。**もっと大きな目線で地球の幸せを思い、もっと長い目線で家族との幸せを願うビジネスこそが人々に支持される**。幸せを求めるのはもうぬるいビジネスではなく、まさにこれからのビジネスの中心となる姿勢になるだろう。

☞ 幸せという言葉のワナ

　ただし、幸せという言葉は、安易に使ってはいけないことも肝に銘じたい。ある都市開発のお手伝いをしていた時のこと、僕が「今度の街の開発では、他との差別化よりも、施設が生み出す幸せについて語りたいんです」という話をした。するとクライアントの方が言った。「幸せという言葉はあまり使いたくないんです。なぜなら幸せな人も、不幸せな人も街にはいる。私たちはどんな状態の人も心地よく居たくなる街にしたいんです」。

　僕は頭をガツンとやられた気がした。確かに**一般の基準で幸せかどうかを判断するのは不遜だし、不注意に「幸せ」を謳うと、意図とは逆に人を傷つけることもある**。僕たちがやるべきは、自分たちなりに「幸せとは何か？」を追求することであり、人が幸せかどうかを判断することではない。

　同じ頃、サカナクションの山口一郎さんが自身のうつ病について語っているドキュメンタリーを見て、人気商売の陰で抱えていた苦しみや痛みを赤裸々に語っている姿に心を打たれた。

　人は外から見ただけではわからない。幸せそうなのに幸せでないことは往々にしてある。それをわかった上で、想像力を働かせ、幸せを目指すことがビジネスには大切なのだと思う。

小さな仕事でも、大きな仕事でも、幸せにする本質は同じ。広いスケールと長い時間軸の目線で、アイデアを練る。

愛こそが、
アイデアを具現化する力

「誰かを幸せにしたい」思いが
新しいサステナブルを生む

日本には、海外に比べてスタートアップ企業が少ない。課題先進国と呼ばれて久しいのだから、それなりに数が多くなってもいいのに不思議である。もちろんスタートアップを支援する投資システムが弱いという問題があるが、僕はその他に日本独自のメンタリティに原因があると思っている。

一つは、「**与えられた場所で咲きなさい」という美意識が、起業する人の行動を抑制している**こと。そしてもう一つは、「**不満は我慢するもの」という美徳が、スタートアップ魂の発芽を阻害している**ことだ。すでに触れたように「不満」はアイデアの種であり、社会課題解決の身近な糸口である。その不満をビジネスと結びつけ、企業として解決すべき「課題」と認識することからスタートアップは始まるが、日本ではその種である「不満」の認識と共有が阻害されるためにスタートしにくいわけだ。

ところで昨今、スタートアップの存在により、世の中が「社会課題」を知るケースが増えている。水にそんな課題が？　女性はそこに苦労を？　人事にはそんな不満が？　スタートアップが生まれ、有名になる過程で、世の中が「隠れ不満」を知り、課題として認識していったケースはあまたある。その意味では、日本のスタートアップが

もっと増えれば、サステナブルの時代に知るべき本質的な「隠れ不満」を世界が知り、日本らしい文化や自然観が生む「課題解決」がワールドワイドに広がるきっかけになる。日本の美意識も美徳も素晴らしいが、その結果、日本の本質的な力が広がりにくくなっているのは残念で仕方ない。

　世界が共感する「隠れ不満」を見つけられれば非常に大きなビジネスチャンスとなるし、グローバルに売れ続けるサービスや商品を開発することも夢ではない。これからの時代と日本の価値観をかけ合わせればその可能性はとても大きいと思う。

　ではその「隠れ不満」を見つけ出すポイントはどこにあるだろう？ 9つの不満ビンゴでも挙げたように、機能か、機会か、それとも気分か？　もちろん細かくはそのいずれかに当たるが、僕はその前の大きなテーマを挙げたい。

「隠れ不満」を見つけてビジネス化する最大のポイントは、「愛」である。

　ある時、テレビでドクター中松さんが発明した「醬油チュルチュル（醬油を移す器具──後に灯油の移し替えに利用）」の物語を見ていて、ふとそう気づかされた。

　中松さんがそのアイデアを思いついたのは、お母さんが冬の寒い台所（昔の台所は本当に寒かった）で、重い醬油の一升瓶から小さな醬油差しへ醬油を移していた姿を見て、なんとかしたいと思ったことがきっかけ

だ。もしそこで中松さんが「そんなの母親の仕事だろ」「家事の手間なんてそんなもの」と思うような冷たい人だったらこのアイデアは生まれていない。

　母親を楽させたい、幸せにしたいという一心が、その光景を解決すべき「不」と思わせ、アイデアへと突き動かしたわけだ。

「誰かを幸せにしたい」という強い思いこそがアイデアを具現化する。薬をドローンで届けるZiplineも、今や巨大企業となったセールスフォースもまた、誰かを幸せにしたいという思いから生まれているし、その思いがなければ困難な開発を完遂することはできなかったと思う。

　よくスタートアップには大志が必要といわれるが、**大志とは世界を変えようという漠然とした抽象論ではなく、具体的に頭に思い描いた一人を幸せにしたいという「愛」だと僕は思う**。そして愛を持って接するという行動は日本の美意識や美徳にも通じるものだ。

　ただし、愛を振りかざすと説教臭くなる。説教では世界は変えられない。大切なのは、愛をもった発明だ。モノでもコトでも言葉でもいい。不満を幸せに変える共感するストーリーを持った発明こそが人の心を動かす。日本らしい愛の発明が世界を変えるのをぜひ見たい。

愛こそが、誰かのパーソナルな「不」を社会課題にし、サステナブルの実現へと向かわせる。

手をつなぐ
〈リゾーム仕事術〉

同じ思いでつながり
未来をつくる

こ　れからの未来へ向けた、新しい働き方の話をしよう。本書で何度か登場した「挽肉と米」は、実は飲食業界を変えるために生まれた。まずは**チームのあり方を、そして知財の守り方を、さらに成長の仕方を、最後に日本の価値を変えるため**につくり上げたものだ。

　後づけの理屈だろうと思われるかもしれないが、本当にそう考えて生まれた飲食店だった。レストラン「山本のハンバーグ」の社長・山本昇平さん、一風堂の元社長で現 TORIKIZOKU USA INC.社長・清宮俊之さん、そして広告やブランディングを行う小西の3人でこのブランドはスタートした。異色の組み合わせだが、飲食業界にブレイクスルーを生むためには必然的なチームだった。

　山本さんは1つのメニューの美味しさを研ぎ澄まし、オペレーションをつくり、スタッフを育て、素晴らしいチームを生み出すことで「また来たくなる店」をつくり上げたし、清宮さんは豊富な飲食の知見を活かして的確なアドバイスを行い、センスのいいパートナーを次々に紹介していった。僕はコンセプトやロゴだけでなく、飲食のプロではない視点からブランドに遊び心と新たな体験を加え、世界へ飛べる翼を与えた。

　コンセプトである「挽きたて、焼きたて、炊きたて」を旗印に、運

営、企画、店舗開発、流通、ブランディングといった**他業種のプロが手をつなぎ、一つの店をつくり上げる**。それはまさにクロスオーバーなチームづくりであり、これからの飲食事業開発の形だと思う。

☞ 飲食で働きたくなる未来をつくる

　3店舗目を出店した頃、海外から出店依頼が来た。多くの飲食コンサルには「海外の食文化ではそのままの形態じゃ無理」と言われたが、僕たちはあえてアダプテーションしないことにした。「日本のままで出店して、日本のかっこよさを世界に知らせたい」という山本さんの強い思いを海外パートナーに伝えると、ほとんどの企業が好意的に**「日本はクールだからそのままこちらでやってほしい」**と言ってくれた。思いが通じ、互いの手をつなげた瞬間だった。

「挽肉と米」はスタッフの未来についても大切にデザインしている。それは「飲食で働きたくなる未来をつくる」という思いから生まれたこと。私たちは、積極的に海外展開することで、そこで生まれた利益を日本に還元し、働く人たちにも還元するように心がけているし、さらにここで学んだ人たちが飛び立つ時に後押しする仕組みもつくった。現場で働く人たちとしっかり手をつなぐことはあたりまえのようでいて難しく、でも最も大切な未来のつくり方だと思う。

　そして、「挽肉と米」では企業としての成長もまた、「手をつなぐ」ことでデザインしている。多くのスタートアップは自社でスケールすることを思い描くが、僕たち

▶「挽肉と米」のアイコン

はそれをしない。

できるだけ素敵なパートナーと手を組み、カルチャーをつなぎながら、世界に仲間を増やすことで成長していく。思いでつながり、連携していく〈リゾーム的スケール〉を理想としている。

リゾームとは「根のような茎」のことで横断的な関係で結びつく状態を指すが、僕たちは**「思い」という根っこがつながったリゾーム関係こそが未来をつくる**と信じているのだ。

ところで、山本さんの理念である「また来たくなる店をつくる」という言葉は、実は生前、僕の父が話してくれた言葉と同じだった。父は都ホテルという京都の老舗ホテルの総料理長だったが、幼い僕は父にこう質問したことがある。

「どうやって料理をつくるの？」

すると父は、少し逡巡したあと、「また来たくなるように、かな」と答えてくれた。

当時の僕には、その意味がわからなかった。でも今ならはっきりとわかる。亡き父は「挽肉と米」に来ることは叶わなかったが、もしかすると、今なら褒めてくれるかもしれない。

**思いという根っこを共有した仲間と手をつなげば、
きっと未来は切り開ける。**

アイデアの最終判断は
３つの問いで

**みんなの不満を解決しているか?
人を確実に幸せにするか?
大切な人に話すか?**

本書を通して「思考ツール」の話をしてきた。それは実際に僕が仕事の現場で使ってきたアイデアの生み出し方であり、お世話になった人から受け継いだ人生の指針であり、30年ほどの仕事時間で鍛え抜いたスキルの集大成である。その総仕上げとしてお伝えするのは、アイデアを最終判断する3つの問いだ。

　皆さんが考え出したアイデアを改めて問い直し、それが正しく、面白く効果があるかを最終判断する方法としてお伝えしたい。

　1つ目は、**「それ、みんなの不満を解決しているかな?」**。

　これまでお伝えしてきた通り、不満はアイデアを生む源泉だし、優れたアイデアは必ず「隠れ不満」を解決している。だから、悩んだらまず「不満に戻る」のが秘訣だった。

　ここまでのメソッドを踏まえてきた読者なら、これだ!　と行き着いたアイデアはおそらくすでに誰かの不満の解決にはなっているだろう。だからこそ最後のチェックには、**「みんな」**と加えた。

　そのアイデアは最初に想定した人々の不満を解消するのみならず、あまねく広くみんなの満足をもたらすものか、それによって別の立場の人たちが不幸になったり、社会的に割りを食ってしまうことがない

かを冷静にチェックしてみてほしい。誰かの不満の解消が別の誰かの不満を生むことがあってはならない。

真のクリエイティブとは、限られた資源のパイの奪い合いでもなければ、ましてやゼロサム・ゲームではない。ともに分かち合い、新しいものを生み出す営みだ。社会の大きな広がりの中で、その仕事の、事業のアイデアがみんなにとって善きものになっているかを改めて見てほしい。それが1つ目のチェックだ。

2つ目は、「**それ、誰かを確実に幸せにするかな？**」。

アイデアの目的は人を幸せにすることであることは、繰り返し伝えてきた通りだ。ただそこで重要なのは、

漠然とあるクラスターが「たぶん幸せになるな」ではなく、身の回りの人でも遠くの人でもいいが「確実に一人は」リアルに幸せにできると断言できることだ。

以前、コピーライターの講座で「母親にネグリジェを買ってもらうためのコピーを書け」という課題を出した。「健康のためにネグリジェを。」「お父さんは待ってますよ。ネグリジェ」などいろいろなアイデアが出たが、ネグリジェという時代遅れの商品はなかなか買ってもらえないだろう。

そこで僕が提示したのは、「お母さん、俺、ネグリジェ屋になったよ。」だった。そう言われたら親なら子どものために絶対に一着は買うからだ。「そんなのコピーじゃない」という声も出たが、カタチなんかどうでもいい。確実に誰か一人の気持ちを動かす「→」をつくることのほうが重要だ。たった一人でもいいから、そのアイデアを実現

した時に確実に幸せにできる人の顔をありありと思い描けるか？　それができるアイデアは本物だし、一人のみならず多くの人を幸せにできるアイデアとなっているだろう。ぜひ「確実に」を意識してチェックしてほしい。

☞「推奨度」は最も外せない指標

　最後の3つ目が、**「それ、大切な人に話すかな？」**。

　ストーリーは「欲しくなり、話したくなるモノがたり」と定義したが、まさにそのストーリーとして機能するかどうかを最後に問おう。そのアイデアが世の中に具現化した時に、友人や家族に話すだろうか？　「大切な人に」と限定したのは、認知度や好意度といったブランドにとって大事な指標がいくつかある中で、「推奨度」が最も外せないからだ。つまり**「大切な人に話すほど信頼し、興味を持っているか？」**を測る指標というわけだ。

　自分の大切な人には嫌われたくないから、「地球を汚すような企業の製品」「フェアトレードじゃないもの」はすすめないだろうし、嘘や誇大広告が含まれたものも決して推さないだろう。それを手にした人が信頼して、愛して、大切な人にもすすめるようなものか、という視点を最後に持つことがアイデアの質と世の中に出た時の広がりを担保する。これが最後のチェックだ。

　斬新なアイデアほど、違和感を含んでいるし、最初評価されにくかったりもするもの。でも、この最後の3つの問いをクリアしていると、胸を張って「大丈夫です」と提案できる。最後の思考ツールとして活用してもらえたらと思う。

　さて、締めくくりにもう一言。本書に書いてきたことはあくまで

「ツール」だ。だから使う人によってその使い方も変わるし、効果も変わるだろう。でもそれでいい。

大切なのは、自分もクリエイティブできるという自信とやってみる姿勢だ。

　家族も地域も会社も世界も、すべてのことは身の回りの一人を幸せにしようとする一人のアイデアから変わっていく。何事も愛をもって見つめ、観察し、課題を再発見することからすべては始まる。

　だから幸せな驚きが世界を満たすように、億劫にならず考えよう。恥ずかしがらずにアイデアを出そう。それは多くの人とあなた自身を変える大きな力となる。あなたから生まれるアイデアは、未来への贈り物なのだから。

**3つの問いで検証したら、あとはやるのみ。
誰かを幸せにする未来を自らつくり出そう。**

あとがき

「小西さんは未来が読めるんですね」と言われたことがある。もちろんそんな力は僕にはない。本書で触れてきたように、本当の意味で失敗を「重ねた」結果、間違わないルートを走れるようになり、そこに人が面白がるアイデアを追加することで、「流行り」という竜の尻尾を捕まえられることが、たまにあるだけだ。ただ、僕は人生で何人か「この人は未来が読める」と思った人がいる。

　一人は、僕の友人でありメンターでもある倉田泰輔さん。彼は金融出身ゆえにさまざまな企業のCFOでありながら、映画やアニメのプロデュースもする多才な人だが、僕が悩んでいるといつも「今これをやると、こうなりますよ」と教えてくれる。そして後日、本当にそうなることにいつも驚かされる。ある時、倉田さんに「どうして未来が見えるのか？」と聞いたら、もちろんそんなことできないと否定しつつ、強いて言えば「失敗を数多く経験してるから」と答えてくれた。

数々の失敗を体験すると生まれるセンスがある。間違わないルートを知れば、その道を歩き始めたばかりの人を正しい方向へと導ける力が生まれるわけだ。センスは未来を見る力のひとつ。やはり成功体験よりも失敗体験こそが、未来を見る力をはぐくむのだと思う。

　もう一人は、吉見佑子さん。彼女はとにかく有名になる人を見分ける力がすごい。その領域はミュージシャンだけではなく、建築家から若手起業家、パン屋からレモンサワーの店のオーナーまで幅広い。僕

は彼らがまだ何者でもない時に紹介され、みるみる有名になっていく様を何度も見た。吉見さんに話したら「半分ぐらい外れるわよ」と笑ったが、半分当たるのである。そんな彼女に「どうして未来がわかるのか？」と聞くと、「顔」と一言。そして「いい人と出会う力」と言った。もちろんルッキズムや人脈づくりといった軽薄なことではない。

　吉見さんが選ぶ人はいずれも、**若くても媚びずに自分の足で立ち、やる気が目の光になっていて、どこか普通の人と違う違和感がある**。人と会うことを厭わず、どんどん飛び込んでいくやんちゃ精神——それはまさに流行に必要な「違和感と奥行き」がある人たちだ。そんな人が次々と力を持った人（門）と出会えば、閃きであふれていく。

　未来ははっきりと描くことで引き寄せられるし、それにワクワクすれば人が集まり、どんどん面白い人生になっていく。向かう先を見据えた人は強い。そうするために、**まず何を考えるべきか、どう考えるのかを強力に手助けしてくれるのが**「思考ツール」だ。本書との出会いによって、ワクワクする未来へと歩き出してもらえたら、これほど嬉しいことはない。

　実は本書の執筆の最終段階で、ラスベガスのSphereという球体型の大型シアターへ足を運んだ。そこで正直、人生が変わるほどのすごい映像体験に出会った。この世界にはまだまだ知らないことが多いし、未来は新しいことで溢れている。それをつくるのがもしかすると自分かもしれないと思うとワクワクした。人生はすごく面白い。皆さんの人生がより良く輝くものになることを心から願っている。

　最後に、本書の完成に際し、もはや共著といっていいほどに的確なアドバイスと編集をしていただいた、文藝春秋の山本浩貴さんに心からの感謝を申し上げて、この本を締めくくりたい。

2024年6月　小西利行

小西利行　こにし・としゆき

POOL inc.Founder、コピーライター、クリエイティブ・ディレクター。博報堂を経て、2006年POOL inc.設立。言葉とデザインでビジョンを生み、斬新なストーリーで世の中にムーブメントをつくり出している。主な仕事に、「伊右衛門」「ザ・プレミアム・モルツ」「PlayStation」「モノより思い出。」などの1000を超えるCM・広告作品、「伊右衛門」「こくまろカレー」などの商品開発、ハウス「母の日にカレーをつくろう」、スターバックス「47 JIMOTOフラペチーノ」など多数のプロモーション企画も担当。「Visional」のブランド開発、三菱鉛筆のリブランディングも成功させた。また2017年に施行された「プレミアムフライデー」の発案・企画・運営にも参画。都市やホテル開発では、越谷「AEON LakeTown」、京都「GOOD NATURE HOTEL」、立川「GREEN SPRINGS」などをトータルプロデュース。話題のハンバーグ店「挽肉と米」オーナー兼クリエイティブ・ディレクターでもある。著書に『伝わっているか?』『すごいメモ。』『プレゼン思考』『売れ型』などがある。

イラスト・Tomoe Miyazaki
デザイン・古屋郁美

すごい思考ツール
壁を突破するための〈100の方程式〉

2024年 7 月30日　第 1 刷発行
2024年10月20日　第 3 刷発行

著　者　小西利行

発行者　小田慶郎

発行所　株式会社文藝春秋
　　　　〒102-8008
　　　　東京都千代田区紀尾井町 3-23
　　　　電話　03-3265-1211

ＤＴＰ　ディグ

印刷所
製本所　光邦